PEQUENAS GRANDES
HISTÓRIAS do MESTRE

Paramhansa Yogananda

PEQUENAS GRANDES HISTÓRIAS do MESTRE

PARA INSPIRAR SEU CORAÇÃO

Tradução
Gilson César Cardoso de Sousa

Editora Pensamento
SÃO PAULO

Título do original: *Yogananda – Piccole, grandi storie del Maestro.*
Copyright © 2013 Ananda Edizioni.
Copyright da edição brasileira © 2019 Editora Pensamento-Cultrix Ltda.
Publicado originalmente por Ananda Edizioni/Ananda Assisi Coop. Fraz Morano Madonnuccia, 7 06023 Gualdo Tadino (PG), Italy. www.anandaedizioni.it
1ª edição 2019. / 1ª reimpressão 2021.
Todos os direitos reservados. Nenhuma parte deste livro pode ser reproduzida ou usada de qualquer forma ou por qualquer meio, eletrônico ou mecânico, inclusive fotocópias, gravações ou sistema de armazenamento em banco de dados, sem permissão por escrito, exceto nos casos de trechos curtos citados em resenhas críticas ou artigos de revista.

A Editora Pensamento não se responsabiliza por eventuais mudanças ocorridas nos endereços convencionais ou eletrônicos citados neste livro.

Ilustrações: Nicoletta Bertelle.

Editor: Adilson Silva Ramachandra
Editora de texto: Denise de Carvalho Rocha
Gerente editorial: Roseli de S. Ferraz
Produção editorial: Indiara Faria Kayo
Auxiliar de produção editorial: Daniel Lima
Editoração eletrônica: Join Bureau
Revisão: Vivian Miwa Matsushita

Dados Internacionais de Catalogação na Publicação (CIP)
(Câmara Brasileira do Livro, SP, Brasil)

Yogananda, Paramhansa, 1893-1952
    Pequenas grandes histórias do mestre: para inspirar seu coração / Paramhansa Yogananda; tradução Gilson César Cardoso de Sousa. – São Paulo: Pensamento, 2019.

    Título original: Yogananda: piccole, grandi storie del maestro
    ISBN 978-85-315-2054-9

    1. Ensinamentos 2. Sabedoria 3. Yogananda, Paramahansa, 1893-1952 I. Título.

19-23762   CDD-294.544

Índices para catálogo sistemático:
    1. Sabedoria oriental: Espiritualidade: Hinduísmo   294.544
    Cibele Maria Dias – Bibliotecária – CRB-8/9427

Direitos de tradução para o Brasil adquiridos com exclusividade pela
EDITORA PENSAMENTO-CULTRIX LTDA., que se reserva a propriedade literária desta tradução.
Rua Dr. Mário Vicente, 368 – 04270-000 – São Paulo – SP
Fone: (11) 2066-9000
http://www.editorapensamento.com.br
E-mail: atendimento@editorapensamento.com.br
Foi feito o depósito legal.

Sumário

9   Prefácio de Sujon Datta

13   Introdução

A ARMADILHA DOS DESEJOS

21 • Tudo por um Trapo
26 • O Homem que Não Queria Ser Rei
30 • O Garimpeiro e as Ruas do Paraíso
33 • O Pescador e a Fada
35 • O Homem do Alasca e as Uvas
38 • *Kalyana kalpataru*

A RODA DA VIDA

43 • O Homem Mau Preferido por Deus
48 • O Caçador que se Tornou Santo
52 • O Bandido e o Touro
57 • Como um Santo Converteu um Ladrão

62	• Por que o Rico Ficou Pobre e o Pobre Ficou Rico
71	• O Homem que Recusou o Paraíso
74	• A Recompensa da Virtude

O PODER SUPREMO

83	• O Leão que se Tornou Carneiro
87	• O Devoto Ignorante e o Deus Mais Poderoso
91	• O Cervo Almiscarado do Himalaia
93	• O Filho que Amava Mais os Milagres do que a Deus
97	• O Rato que se Tornou Tigre
100	• Os Três Deuses e o Deus dos Deuses

NOVOS HORIZONTES

107	• Seis Cegos e um Elefante
110	• A Devota que Não Conseguia Encontrar um Refúgio
114	• O Barqueiro e o Filósofo
117	• O Sacerdote que Pulou no Poço
122	• O Santo que Desceu ao Inferno por Dizer a Verdade
127	• O Santo que Comia Fogo
131	• A Rã do Poço e a Rã do Mar

ATITUDES VITORIOSAS

139	• O Santo e a Serpente
141	• Buda e a Cortesã
144	• O Esquilo Santo
147	• Kalaha e a Cenoura Mágica
150	• O Pescador e o Sacerdote Hindu
153	• O Homem que Virou Búfalo

156 • Consciência de Macaco
159 • A Rã Grande e a Rã Pequena

QUEM TEM DEUS TEM TUDO
165 • A Pedra Filosofal
170 • O Rei Janaka e o Palácio em Chamas
174 • Sukdeva e as Lâmpadas a Óleo
177 • O Moribundo e o Anjo
180 • Guru Nanaka e o Verdadeiro Altar de Deus
183 • Os Dois Cegos que Pediam Dinheiro a Deus e ao Rei

187 Fontes

Prefácio

POR SUJON DATTA, SOBRINHO-BISNETO DE YOGANANDA,

consultor, escritor e palestrante

Mais de sessenta anos depois de partir do plano terreno para o *mahasamadhi*, Paramhansa Yogananda ainda é reverenciado por milhões de pessoas no mundo inteiro como uma das mais proeminentes figuras espirituais de nosso tempo. Sua sabedoria atemporal continua a influenciar pessoas de todas as condições desde que ele chegou aos Estados Unidos em 1920.

Sinto-me especialmente afortunado por prefaciar outra magnífica antologia das histórias de Yogananda. Como sobrinho-bisneto de Yogananda (sua irmã mais velha, Roma, é minha bisavó), considero uma bênção e uma honra fazer parte de seu legado e de sua família. Esse sentimento é partilhado não apenas por todos os membros de sua família, mas também por discípulos e devotos ao redor do mundo, que estudam e aplicam as ideias e técnicas científicas do Kriya Yoga do Mestre à sua união pessoal com Deus. Muitas pessoas, ainda hoje, me contam que Yogananda influenciou profundamente suas vidas. Publicada em 1946, *Autobiografia de um Iogue* continua sendo um *best-seller* perene, que toca o coração e abre a mente daqueles que acompanham sua jornada mágica.

Particularmente, todas as células do meu corpo vivem e respiram a Presença eterna do Mestre, a tal ponto que decidi divulgar lições de vida espirituais colhidas de minha experiência pessoal como instrutor, agente de cura, palestrante e autor – essa, acredito, é minha contribuição ao mundo. Acredito também que devemos aproximar as filosofias oriental e ocidental em nossa caminhada humana. O yoga, em todas as suas formas, ensina-nos a superar a separação e o egoísmo para alcançarmos a Unidade. As percepções incríveis de Yogananda ajudaram-me a transcender a "noite escura da alma" tanto pessoal quanto coletivamente. Vivemos hoje num planeta de "grande despertar espiritual". Mudanças acontecem rapidamente em todo o globo. Embora enfrentemos tempos de desafio, dispomos de incríveis oportunidades para a autocapacitação, a expansão da consciência, o crescimento espiritual e a autorrealização. Os ensinamentos eternos de Yogananda são inestimáveis para quem se dispõe a mergulhar nas profundezas de suas concepções. Absorver essa sabedoria duradoura gera uma consciência vital e um processo de fortalecimento de nossas decisões, à medida que despertamos para o nosso poder.

Neste livro, você encontrará uma coletânea de histórias inspiradoras que Yogananda contou em seus *Praecepta* e em suas palestras. As histórias, elegantemente escritas, nos oferecem verdadeiras pepitas de sabedoria. É uma leitura que alimenta a alma. Sente-se em silêncio e medite no significado de cada uma. Procure aplicá-las à sua vida, sintonizando a mente, o corpo e o espírito com o profundo significado espiritual por trás das palavras do Mestre. Você descobrirá que cada mensagem abriu sua consciência, delineando um melhor esquema mental.

Melhores pensamentos levam a melhores ações, que por sua vez conduzem à paz interior, à alegria perene. Quando você se expande, o mundo se expande também; quando você gera mais amor, o mundo se torna mais amoroso.

Possam as expressões devocionais e as verdades profundas de Yogananda inundar sua alma, como inundaram a minha. Possa o Grande Espírito do Mestre penetrar seu coração. Minha humilde esperança é que você recolha aqui pelo menos uma joia: ela transformará para sempre sua jornada pessoal.

Usufrua. Ame mais.

No Mestre,

Sujon Datta
LOS ANGELES, CALIFÓRNIA, 2013

Introdução

Ratinhos ingratos e esquilos corajosos, leões bravios e serpentes convertidas, cenouras mágicas e árvores dos desejos, reis sábios e bandidos cruéis, santos ascéticos e devotos beberrões, mineiros gananciosos e filósofos presunçosos, sacerdotes ignorantes e divindades caprichosas. Além disso, rãs, cervos, elefantes, fadas, caçadores, anjos do céu e do inferno, mercadores, ladrões, rainhas, devotos atormentados por pensarem em macacos [...]. Uma variada galeria de personagens magicamente unidas pela consciência e inspiração de um dos maiores mestres de yoga de todos os tempos, Paramhansa Yogananda.

Yogananda (1893-1952) foi o primeiro grande mestre indiano a estabelecer-se no Ocidente para divulgar a antiga ciência da Autorrealização, um caminho que inclui técnicas e atitudes espirituais capazes de nos ajudar a obter o máximo de felicidade. São atitudes e técnicas como as encontradas nestas histórias, que Yogananda costumava contar com emoção e humor – para permanecerem indelevelmente impressas na consciência dos ouvintes e a transformarem.

Essas histórias estão enraizadas na rica e sábia herança da cultura popular do Oriente e do Ocidente. Falam de nossa alma, pois abrangem o Universal. Contra o pano de fundo da eterna luta entre o bem e o mal, mascarada e revelada por elementos poéticos e simbólicos, avultam os grandes temas da existência: necessidades humanas, desafios, lutas, coragem, desespero, valores, perda e recompensa, talento, confiança, nobreza, heroísmo, recusa a submeter-se ao "destino", busca do verdadeiro Eu. A alma tem a percepção da própria grandeza e descobre em si mesma recursos para derrotar seus adversários, sejam eles "inimigos internos" ou situações adversas.

Muitas vezes, ao final de uma história, Yogananda nos toma pela mão e esclarece seus aspectos mais profundos, bem como suas implicações para nossa vida. Em alguns casos, porém, não apresenta uma "moral", talvez porque a história seja clara o bastante ou, talvez, porque os ensinamentos espirituais, para serem bem compreendidos e aplicados ao cotidiano, sempre exijam a reflexão individual.

Pela primeira vez, as mais belas histórias de Yogananda são reunidas e apresentadas num único volume. Como vieram de diferentes fontes – aulas e palestras de Yogananda proferidas nos anos 1920 e 1930 – e como nem todas foram redigidas por ele, mas transcritas por discípulos, os textos originais não eram muito homogêneos e, às vezes, pareciam até um pouco confusos e difíceis de entender. Em alguns casos, portanto, resolvemos não apresentar apenas uma versão literal, mas tornar o texto o mais fluido e claro possível, sempre com o máximo respeito pela mensagem e o estilo do Mestre, como é de praxe em nossa editora. O leitor interessado encontrará no final do livro uma lista completa das fontes originais.

Por fim, agradecemos a Nicoletta Bertelle, bela alma e ilustradora internacionalmente conhecida. Ela interpretou a mensagem de Yogananda

Introdução

com a doçura jovial e poética que permeia toda a sua obra, tornando essa mensagem ainda mais viva e próxima de nosso coração.

Mergulhemos fundo nessas lindas histórias, fiquemos inspirados (e não raro surpreendidos!) por sua mensagem, sejamos guiados pela consciência de Yogananda e suas personagens – seres humanos, animais ou anjos – nessa eterna jornada que as une e a todos nós: a busca da Verdade e da Verdadeira Felicidade.

Desejamos a vocês boa leitura e alegre inspiração!

A ARMADILHA dos DESEJOS

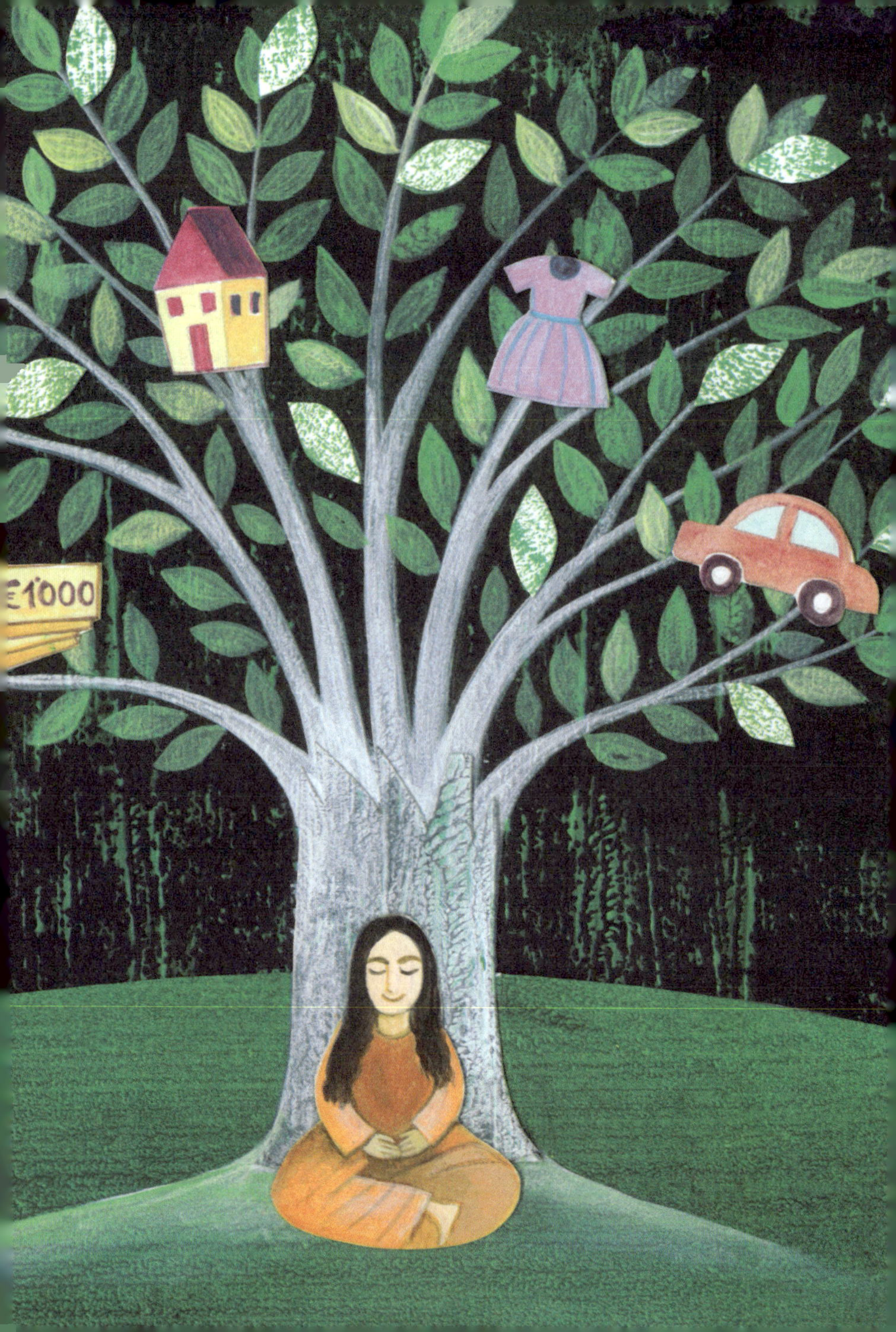
1000

TUDO POR UM TRAPO

Nas escuras profundezas de uma floresta, na Índia, viviam um dedicado Mestre Sagrado e seus discípulos. Longe da pressão dos desejos iníquos e das tentações do ambiente, esses deuses humanos, muito semelhantes a crianças em sua simplicidade, levavam uma vida ingênua e natural, livres das decepções de esperanças nunca realizadas. Mestre e discípulos acordavam ao nascer do dia, espalhavam suas preces sobre o Seio Divino juntamente com os raios do sol, comiam os frutos e raízes da mata, e dormiam em cavernas escavadas pela Natureza no sopé das encostas cobertas de vegetação.

O discípulo Rama, depois de renunciar ao mundo sofisticado de seus pais, viera para esse refúgio isolado a fim de viver uma vida simples. Com o passar do tempo, Rama começou a dar vazão a seu espírito crítico, metafisicamente sutil, e a descobrir defeitos na disciplina simples do refúgio. Ainda que o aconselhassem a não exagerar, ele procurou o Mestre e disse:

"Honorável Senhor, receio ter deixado uma família apenas para encontrar outra ainda maior aqui. Eu costumava desempenhar tarefas em casa e o mesmo devo fazer aqui. Comíamos, cuidávamos das refeições e da limpeza, gostávamos uns dos outros, dormíamos e acordávamos em casa; ora, vejo que aqui acontece a mesma coisa. Mestre, os deveres materiais de teu refúgio são meros substitutos dos deveres mundanos que eu cumpria em minha casa. Quero me afastar de toda materialidade e viver sozinho no templo da contemplação".

O Mestre advertiu-o: "Filho, podes ir, mas cuidado para não te iludires com teus próprios pensamentos errôneos. Evitarás as multidões dos bons, que são melhores que as multidões dos maus, mas será mais difícil fugir do cerco de teus próprios pensamentos irrequietos, que talvez te façam perder o rumo".

Rama não deu ouvidos aos conselhos dos confrades nem do Mestre e saiu em busca de um lugar solitário. Para ficar livre de quaisquer empecilhos, deixou seus pertences no refúgio e só levou dois pedaços de trapo que lhe serviriam de tanga e uma cuia de mendicante para beber água. Por fim, encontrou um lugar sossegado no alto de uma colina, perto da orla da floresta e da aldeia local. Instalou-se no oco de uma rocha, à sombra de uma árvore frondosa.

A primeira noite foi tranquila, apesar dos uivos dos chacais, coiotes e tigres. Mas, ao amanhecer, o jovem anacoreta quase caiu em desespero ao ver que um ratinho havia roído em vários pontos a segunda peça de trapo, que ele dependurara de um galho acima de seu abrigo na rocha. Não bastasse isso, a cuia de mendicante fora roubada por um ladrão silencioso, um macaco noturno.

Rama pensou: "Pai Celestial, deixei tudo por Ti, mas em troca Tu levaste minha cuia e mandaste um rato para estragar meu último bem – o pedaço de trapo".

Justamente nesse momento um aldeão passava por perto e, vendo o santo, parou para reverenciá-lo. Percebendo que Rama estava aborrecido, perguntou: "Honorável Santo, tem a bondade de dizer-me o que te aborrece". Ao ouvir a história do trapo roído, o aldeão aconselhou: "Santidade, por que não arranjas um gato para espantar o rato?" "Excelente ideia. Mas onde acharei um gato?", perguntou ansiosamente o santo. "Nada mais fácil", replicou o aldeão. "Eu mesmo trarei um para o senhor amanhã."

No dia seguinte, o solitário Rama acrescentou a seu patrimônio um peludo gato persa. E o problema do trapo foi resolvido, pois o rato não era bobo para desafiar o Deus Felino da morte só para roer um trapo ressecado. Todos os dias, com uma nova cuia de mendicante recém-adquirida, Rama ia para a aldeia a fim de pedir um pouco de leite para o gato. Passou-se um ano e os aldeões, relutantemente, supriam o santo e seu gato de leite, até que um dia o ancião da aldeia lhe disse: "Santo Rama, estamos cansados de abastecer-te de leite". "Mas como meu gato sobreviverá?", indagou Rama. "Por que não arranjas uma vaca?", sugeriu o ancião. "De que modo?", perguntou Rama. "Eu te darei uma agora mesmo", foi a alegre resposta do ancião.

Rama, muito contente, voltou para sua rocha com a vaca. Agora ele, o gato e a vaca formavam uma família feliz, que se acarinhava numa linguagem mútua de afeição. A vaca passou a ser chamada de "Vaca do Santo" e se tornou uma verdadeira praga, devorando os arrozais dos aldeões e deixando-os aflitos.

Passou-se outro ano e muitas eram as histórias sobre a destruição dos arrozais pela "Vaca do Santo", universalmente perdoada e sempre tolerada. Por fim, um belo dia, os aldeões se juntaram e foram se queixar dos prejuízos causados por ela. "Mas como alimentarei minha vaca?", perguntou Rama. "Por que não arranjas tua própria terra? Nós te daremos 25 acres", replicaram os aldeões em coro.

Santo Rama ficou encantado com a oferta. Reuniu os rapazes da aldeia e, insuflando-lhes um entusiasmo divino, convenceu-os a construir uma cabana, arar a terra, alimentar o gato e a vaca — em suma, a fazer de graça todo o trabalho da fazenda.

Os aldeões toleraram em silêncio todos esses privilégios sagrados por dois anos, quando então perceberam que seus filhos já não desempenhavam as tarefas em sua própria casa. Em grupo, foram até o Santo Rama e se queixaram: "Santidade, não mais permitiremos que nossos filhos trabalhem em tuas terras. As nossas ficaram negligenciadas sem a ajuda deles".

"E o que farei na minha fazenda sem o auxílio de vossos filhos?", quis saber Rama.

"Por que não arranjas uma esposa e crias os teus próprios filhos? Qualquer um de nós se sentirá feliz em dar-te uma filha em casamento. Será uma honra, pois ela terá um maravilhoso marido espiritual", bradaram em uníssono os aldeões.

"Eis aí uma ideia brilhante", concordou Rama.

Em um mês Rama estava pronto para se casar. Mas então o Mestre, obedecendo a uma intuição, acorreu em seu socorro. E, ao encontrá-lo, disse: "Pensei que havias nos deixado para ficar livre das obrigações materiais. Agora, vejo que tens um gato, uma vaca, uma casa, uma fazenda e, segundo ouvi, está prestes a se casar. O que está acontecendo contigo?"

"Bem, Mestre", suspirou Rama. "Foi tudo por causa de um trapo. Arranjei um gato para guardá-lo, uma vaca para alimentar o gato, uma fazenda para sustentar a vaca e agora planejo me casar para ter filhos que trabalhem nas minhas terras, pois os aldeões se recusam a me emprestar os deles."

Depois que Mestre e discípulo riram muito, Rama abandonou sua família recém-adquirida e sua fazenda, voltando a viver sob a influência benigna e sábia do refúgio na floresta.

ESSA HISTÓRIA mostra que ninguém deve viver sem cumprir alguns deveres materiais. E é melhor cumpri-los tendo ao lado pessoas orientadas pela sabedoria do que entre familiares materialistas ou na companhia de sua própria mente, governada pelo humor e o hábito. Se você deixar o mundo para buscar Deus, procure *calar* em seu íntimo a cobiça, pois, de outro modo, aonde quer que vá as coisas materiais o acompanharão e criarão para você um ambiente mundano.

O HOMEM QUE NÃO QUERIA SER REI

Há tempos, viviam alguns santos num retiro perto de um vale na floresta. Ali, saboreavam frutas frescas colhidas diretamente das árvores e bebiam, com a concha das mãos, a água que brotava das fontes que desciam em borbotões da montanha. Soprava uma brisa de paz imorredoura e seus olhos faiscavam de alegria celestial. A felicidade inundava seu peito, dando-lhes um consolo perpétuo.

No entanto, certo dia, um dos santos concluiu que já tivera o suficiente da felicidade espiritual e que seria bom sentir o gosto da ventura dos reis. Queria ser rei por um dia. Com esse desejo espicaçando seu coração, saiu em busca da ventura dos reis, abandonando o refúgio aprazível, cheio de paz. A caminho, pensou: "Pai Celestial, sou Teu filho e seguramente queres levar-me ao lugar onde eu possa gozar a ventura dos reis por um dia". Assim refletindo, avistou, a certa distância do retiro, uma mansão luxuosa, palaciana. "Ah, então o Pai Celestial realizou meu desejo!", exclamou, pondo-se a correr na direção da mansão.

Atravessou os portões e nenhum guarda o deteve; percorreu o jardim atapetado de flores e também ali não encontrou ninguém. Entrou na cozinha e viu uma mesa posta, com uma refeição quente e deliciosa à sua espera – mas não viu criados nem serviçais. Animado por aquela estranha variedade de alimentos convidativos, pensou: "O Senhor é bondoso. Materializou este palácio e esta refeição maravilhosa, digna de um rei, apenas para mim. Tudo me sai conforme desejei. Meus sonhos se materializaram". Intimamente convencido da bondade divina, começou a gozar as preliminares de ser, durante um dia, um rei enviado por Deus.

Banhou-se na banheira real, vestiu-se e sentou-se para comer. Mas então os serviçais do palácio, que perambulavam fora do palácio, entraram correndo e gritando, muito excitados: "Quem és tu, aí a comer os manjares de nosso rei, que foi caçar e voltará a qualquer momento?" O santo, imaginando que esse era um teste do Senhor e supondo-se um amigo universalmente conhecido, replicou num tom calmo e amável: "Sou um amigo do Grande Monarca. Vim a mando dele, a fim de gozar a ventura dos reis por um dia". Os serviçais, que tomaram o santo por um augusto convidado da corte, deixaram-no terminar a refeição real e convidaram-no a dormir no quarto do rei. Não perceberam que o santo, com a expressão "Grande Monarca", se referia a Deus e não a seu rei terreno, que andava caçando.

Passaram-se duas horas. O arauto chegou com uma mensagem do rei, dizendo que ele tivera um contratempo e só voltaria dali a três horas. Queria então que sua comida estivesse pronta. Os serviçais perguntaram-lhe, ansiosos: "Mas Sua Majestade não chamou um convidado para comer e dormir aqui?" O arauto do rei ficou furioso ao ver que aquele santo mendigo, sem convite, devorara o repasto do rei e agora dormia a sono solto em seu quarto. Ordenou que os serviçais se munissem de varas, porretes e cabos de vassoura para expulsar o intruso.

O santo foi despertado de seu sonho de felicidade real a bordoadas, mas, quanto mais os criados o espancavam e xingavam, mais ele ria sem parar. Os criados, furiosos com esse riso cada vez mais desenfreado, puseram-no sem sentidos e atiraram-no para fora do palácio.

O santo, inconsciente, foi conduzido por um confrade de volta ao refúgio. O confrade forçou-o a beber leite e, para ver se ele já recobrara a consciência, perguntou-lhe: "Sabe quem está te dando leite?" O santo moído de pancadas respondeu, jovialmente: "O mesmo Deus que me bateu por eu tentar ser rei por um dia é o mesmo Deus que está me dando leite". Os irmãos eremitas ficaram aliviados ao ver que a fé em Deus de seu maltratado confrade era a mesma na prosperidade (quando repousou na cama do rei) e na adversidade (quando foi logo depois punido). Aquele santo não era como os que reverenciam Deus nos tempos bons e o repudiam nos tempos maus.

Enquanto isso o rei, voltando ao palácio, exigiu sua refeição quente. E foi tomado de cólera ao saber que o mendigo devorara sua comida e rira ao ser espancado. Mas, excêntrico que era, ficou impressionado com a estranheza da história e ordenou que seus serviçais lhe trouxessem o intruso. Eles o procuraram por toda parte e, quando já regressavam em desespero, passaram pelo retiro do santo e ouviram sua risada alta. Desmontaram, agarraram o santo e o conduziram à presença do rei.

Quando os dois se viram frente a frente, o santo começou a rir ainda mais, incapaz de conter a jovialidade no âmago do coração. O rei perguntou várias vezes, sob ameaça de morte, o motivo de ele ter rido ao ser espancado. Como as ameaças não dessem resultado, o rei apelou para a súplica e, impulsionado de curiosidade, ofereceu seu trono ao mendigo se ele justificasse as gargalhadas.

Por fim, vendo o rei humilhado, o santo mendicante explicou: "Deus me puniu por eu desejar o gozo ilusório do conforto material dos reis durante um dia. Meu riso aumentou quando percebi que havia me safado com pouco prejuízo. Pensei: 'Se apanhei tanto por ser rei durante um único dia, quanto não apanharia se insistisse na felicidade material dos reis durante anos! Apanhei por ter esquecido Deus durante um dia; mas pensa, ó rei, quantas pancadas ainda tens pela frente, de uma forma ou de outra, por esquecê-Lo o tempo todo! Não, obrigado, não quero ser rei, pois gozo a perene felicidade de Deus, que não termina nem quando as preocupações nos afligem".

O GARIMPEIRO E AS RUAS DO PARAÍSO

Conta-se que, graças a um golpe de sorte (bom karma),* um garimpeiro foi para o Paraíso. E, lá, começou a dar trabalho aos deuses. As divindades, com seus automóveis de ouro faiscantes, mal conseguiam percorrer as ruas do Elísio, outrora suavemente pavimentadas de ouro, pois o garimpeiro estragara a todas cavando buracos atrás do metal precioso.

Os habitantes celestiais foram se queixar a São Pedro daquela sanha sem fim do garimpeiro, que arruinava as estradas e caminhos do Paraíso. Mas São Pedro apenas observou: "Segundo as leis daqui, quem entra não pode ser expulso, a menos que ele próprio queira abandonar a paz do Céu. Mas, queridos Hóspedes Celestiais, não vos preocupeis: depois que o garimpeiro acumular ouro suficiente, ele próprio deixará de livre e espontânea vontade o Reino Divino para se juntar à família que deixou na Terra,

---

* A lei de causa e efeito.

impelido por seu karma e desejos não realizados. Até lá, porém, algo pode acontecer que vos poupe dos malefícios desse homem. A desarmonia não dura muito no Paraíso, como bem sabeis".

Logo, o garimpeiro havia retirado montes de ouro das ruas do Paraíso, deixando buracos que mais pareciam crateras de vulcão. Os deuses tinham de andar a pé, pois as vias foram declaradas intransitáveis pela Polícia do Céu. Um dia, São Pedro estava pensativo junto ao Portão de Pérola, tentando encontrar um modo de se livrar do garimpeiro importuno, quando outro homem de aparência rude e miserável apareceu.

"Quem és tu?", São Pedro lhe perguntou.

"Deixa-me entrar. Sou um garimpeiro", respondeu o homem.

Mas São Pedro gritou: "De forma alguma! Tens de voltar, pois estamos passando aqui por maus bocados devido a *um* garimpeiro que acabou com as ruas do Paraíso". Mas o homem foi insistente e garantiu: "São Pedro, prometo que não vou escavar as ruas de ouro do Paraíso e que tentarei expulsar o outro garimpeiro, se o permitires".

São Pedro por fim concordou e o esperto recém-chegado prosseguiu: "Honorável Senhor, antes de receber tua hospitalidade no Céu, devo acrescentar que sou homem de negócios e pretendo cumprir minha promessa. Assim, enquanto ainda estou de fora do Paraíso, por favor, chama o tal garimpeiro importuno. Quero conversar com ele". Dali a pouco o outro apareceu e o recém-chegado sussurrou-lhe alguma coisa através do portão. Tão logo ouviu aquelas palavras, o homem saiu correndo e se dirigiu para o Inferno.

São Pedro, espantado com o milagre, que o próprio conselho dos deuses não conseguira realizar, acolheu o espertalhão dentro dos muros do Paraíso e, curioso, indagou-lhe: "O que disseste para ele deixar todo aquele ouro acumulado e correr para o Limbo?"

O novo garimpeiro sorriu e respondeu: "Bem, São Pedro, eu lhe disse que era tolice perder tempo cavando ouro aqui quando ele podia tirar a platina, mais preciosa, das ruas livres do Inferno, na quantidade que quisesse".

AS MÁS AÇÕES às vezes parecem prometer mais felicidade (a platina) do que as boas (o ouro do Paraíso). Não devemos nunca agir como o primeiro garimpeiro, utilizando métodos errados para alcançar a felicidade ou trocando a paz e a prosperidade que estão ao nosso alcance pela riqueza e o conforto mais atraentes, porém mais incertos, que o mau comportamento promete.

O PESCADOR E A FADA

Certa vez, um pescador e sua esposa conversavam sobre sua situação, lamentando serem muito pobres e incapazes de progredir na vida. Tentaram de todos os modos descobrir uma maneira de obter uma remuneração modesta por seu trabalho e algum grau de conforto e felicidade. Depois de esgotar todos os meios possíveis de obter ajuda, a mulher teve uma ideia brilhante, segundo pensava. Muito excitada, correu para o marido, exclamando: "Tive uma ideia! Eis o que faremos: conheço uma fada nos bosques que nos dará o que quisermos. Vai até lá e pede-lhe uma casa... não, uma casa não, um palácio!"

O marido, um tanto perplexo, fez o que ela queria e a fada lhes deu uma mansão.

A esposa ficou contente por algum tempo, mas logo se tornou mais ambiciosa. Mandou que o marido pedisse à fada um reino para ela governar. O marido achou aquilo absurdo e disse-lhe que ela estava passando dos limites. A mulher, porém, retrucou que deviam aproveitar a oportunidade ao máximo.

Ela obteve o reino para governar e ficou contente com isso por mais algum tempo. Entretanto, como seu sono fosse pesado e o sol sempre a despertasse muito cedo, a mulher, exasperada, mandou que o marido fosse de novo até a fada e lhe pedisse para impedir o sol de brilhar antes que ela acordasse.

"Ele está sempre ofuscando meus olhos e me despertando", resmungou, muito irritada.

Quando o marido comunicou à fada o último desejo da mulher, ela lhe disse que ambos deveriam recomeçar do zero, pois não haviam aprendido nenhuma das lições valiosas da vida relativas à prosperidade material. Tornaram-se ingratos, egoístas e absurdamente irracionais em seus pedidos. Determinou que os dois começassem tudo de novo e só pedissem as coisas de que realmente necessitavam para evoluir e alcançar a felicidade. Aconselhou-os a usar o poder da razão e a não querer o impossível ou o inútil.

A HISTÓRIA ACIMA encerra uma grande lição. Ensina que nada de valioso conseguimos sem pagar um preço.

O devoto, além disso, quando renuncia aos prazeres materiais, deve ter em mente que não está se negando coisa alguma, mas apenas mudando seus gostos, dos materiais e passageiros para os duradouros e superiores, que constituem a felicidade da alma. Assim como é proveitoso renunciar a mil dólares em troca de cinco mil, assim também é grato evitar os prazeres materiais para fruir as alegrias imperecíveis em Deus.

Repita estas palavras diariamente: "Divina Mãe, eis a minha prece: 'Não me dês o que eu possa ter o tempo todo, mas a capacidade de adquirir aquilo de que necessito a cada dia'".

O HOMEM DO ALASCA E AS UVAS

Um homem que vivia nas terras geladas do Alasca degustou algumas bagas das uvas suculentas e delicadas que um amigo lhe mandou de Fresno, Califórnia. Gostou tanto delas que arranjou um emprego em Fresno, onde crescem com abundância todos os tipos de uvas, e deu adeus ao Alasca.

Chegando a Fresno, foi convidado à casa do amigo e uma mulher jovem lhe trouxe um cacho das uvas que ele tanto apreciava. Ficou quase fora de si de alegria e, enquanto mastigava as bagas, ia dizendo: "Obrigado do fundo do coração. Obrigado!"

"Caro senhor, terás quantas uvas quiseres. Sou dona de um vinhedo e diariamente poderei trazê-las aqui", disse a mulher.

No dia seguinte, bem cedo, a mulher chegou à casa do homem do Alasca com um cesto repleto de cachos de uvas. Ele, sem ter ainda digerido os que degustara na véspera, correu para a porta, alegre ante a perspectiva de se fartar na grande quantidade que a mulher havia trazido.

"Oh, que maravilha ter tantas uvas! Sou um homem de sorte. Obrigado, obrigado!", exclamou o nativo do Alasca. Saboreou algumas uvas na presença da mulher, por polidez, embora sentisse na boca o gosto das que havia saboreado na véspera e ainda não digerira. Quando a mulher partiu, ele se debruçou sobre as uvas, com admiração e olhos gulosos. Depois de uma hora, começou a comer de novo as bagas. E durante todo o dia foi mastigando uvas, uvas, uvas...

Na manhã seguinte, bem cedo, a jovem voltou com uma grande quantidade das uvas mais finas que suas terras produziam e chamou o nativo do Alasca. Meio adormecido, com um entusiasmo um pouco forçado e um tanto indisposto por ter sido arrancado de um sono profundo, ainda assim esboçou um sorriso, saudando a mulher e as uvas: "Bom dia, boa mulher, agradeço-te por estas uvas excelentes".

No terceiro dia, de manhã, como sempre, a mulher trouxe uma quantidade ainda maior de uvas. O homem, sonolento e com um sorriso murcho na face, saudou-a e disse: "Senhora, é gentileza tua me trazeres estas uvas, mas ainda me sobraram algumas de ontem".

Na manhã do quarto dia, a mulher chamou de novo o homem com um cesto cheio de cachos. Ele se levantou, relutante, e sem sorrir cumprimentou-a, dizendo: "Ah, mais uvas! Gentileza tua trazê-las, mas já tenho o bastante. Não achas também? Na verdade, estão sobrando".

Mas a mulher, não acreditando na história e achando que aquilo era apenas modéstia ou receio de abusar de sua generosidade, trouxe-lhe uma quantidade imensa de uvas no quinto dia. Bateu à porta. O homem saltou da cama como se pressentisse um fantasma e gritou para a mulher: "Minha senhora, mais uvas? Que horror! Uvas, uvas, uvas... Por

Deus, outra vez?" A mulher sorriu e disse: "Que bom saber que detestas uvas! Espero que nunca mais me prives de meus preciosos cachos!"

A HISTÓRIA ACIMA mostra que "o excesso de uma coisa boa (na verdade, de qualquer coisa) é ruim". Não importa quão agradável ela seja, se houver exagero, deixa de dar prazer e passa a incomodar.

Tenha em mente, portanto: não se exceda ao comer, dormir, trabalhar, divertir-se ou praticar qualquer outra atividade, por mais agradável que seja, pois o exagero só lhe trará infelicidade.

KALYANA KALPATARU*

Swami Sri Yukteswar, guru de Yogananda, gostava de contar a seguinte fábula para mostrar a importância de buscarmos a vontade de Deus, não a nossa.

Um yogue, depois de atingir certo grau de poder psíquico, se deparou com uma árvore durante suas andanças pelos Himalaias, que imediatamente reconheceu como uma *kalyana kalpataru* ou árvore mágica dos desejos. "Esplêndido!", pensou, encantado. E, sentando-se à sombra da árvore, desejou um palácio.

Imediatamente uma magnífica construção se materializou diante de seus olhos, ali mesmo na floresta. O yogue entrou e viu que a disposição dos recintos estava de acordo com todos os seus desejos. Mas o edifício estava

---

* Swami Kriyananda, *The Essence of Bhagavad Gita*, Crystal Clarity Publishers.

vazio. "Que venham móveis de grande beleza: sofás, poltronas, tapetes, quadros, cortinas de fino lavor." E pronto, os móveis apareceram.

"Este lugar é mais bonito do que qualquer outro com que eu pudesse sonhar!", pensou ele. "Mas faltam pessoas para usufruí-lo comigo e regozijar-se com a minha boa sorte. Quero que estes recintos se encham de risos, de homens e mulheres felizes." Subitamente... lá estavam eles, indo e vindo pelo salão, pela sala de banquetes, pelas escadas, pelo vestíbulo.

O yogue apreciou tudo isso por algum tempo. Mas depois pensou: "Quero ir de cômodo em cômodo, para conhecê-los e admirar meus novos tesouros!" E pôs-se a vagar sozinho, exultando em sua boa fortuna. Logo chegou a um recinto no andar térreo onde não havia ninguém. A janela estava aberta. Como o palácio surgira na floresta, toda a paisagem em volta continuava como a Natureza a fizera. Então, ele ouviu um tigre rugindo junto às portas do palácio.

"Ah!", exclamou, alarmado. "Estou sozinho neste lugar, com a janela aberta... e no pavimento térreo! E se o tigre saltar aqui para dentro e me devorar?"

Ele havia se esquecido de que tudo aquilo se produzira em virtude da magia da árvore dos desejos. De repente o tigre se aproximou, pulou a janela e devorou-o antes que ele pudesse pedir ajuda.

A MORAL DESTA história é que, se pela prática da concentração alguém desenvolver uma mente forte, estará sentado sob a árvore dos desejos de sua própria energia espinal. Para realizar-se, deverá oferecer todos os seus desejos, entendimento e vontade apenas a Deus.

A RODA da VIDA

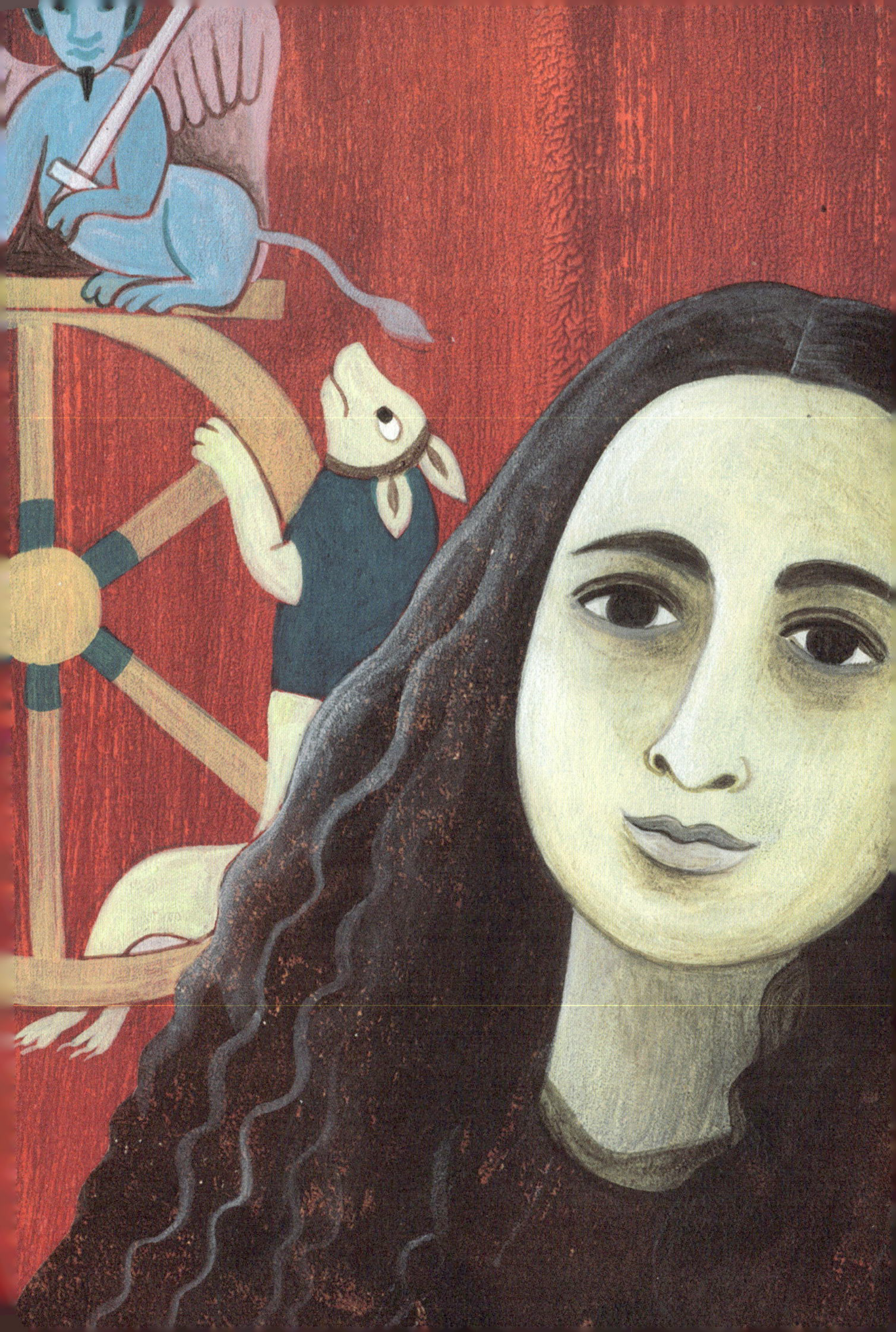

O HOMEM MAU PREFERIDO POR DEUS

Narada, o arcanjo, desceu à terra em missão divina para encontrar um verdadeiro devoto de Deus. Incógnito, vestido como um homem santo, percorreu vários bosques e se deparou com um velho anacoreta que praticava diferentes tipos de posturas e penitências sob a sombra fria de uma frondosa árvore de tamarindo. Curioso, Narada se aproximou, com aparente negligência, do ancião e perguntou-lhe: "Olá, quem és tu e o que fazes?"

O anacoreta respondeu: "Honorável Senhor, meu nome é Bhadraka. Sou um anacoreta que tem praticado rigorosa disciplina física por oitenta anos e parece que não cheguei a lugar nenhum".

Ao que Narada retrucou: "Pois eu vim do Céu para encontrar um verdadeiro devoto de Deus".

O anacoreta riu: "Honorável Protegido de Deus, teus olhos estão agora contemplando o maior devoto da terra. Pensa bem: com chuva ou sol, durante oitenta anos, pratiquei toda técnica imaginável de autoflagelação mental ou física, a fim de obter o conhecimento".

Narada disse: "Venerável Anacoreta, venho do Paraíso distante e estou muito comovido por conhecer um homem tão devoto".

"Pois então", alvoroçou-se o anacoreta Bhadraka, com voz rouca, "se tens tanta intimidade com Deus, pergunta-Lhe quando o vires da próxima vez por que Ele permanece distante de mim e nunca responde às minhas penitências."

Narada prometeu atender ao pedido de Bhadraka e foi-se para outros lugares, em busca dos melhores devotos de Deus. Caminhando, Narada presenciou um incidente bastante divertido ao lado da estrada e parou para observar. À sua frente estava um jovem bêbado tentando cravar um bambu num buraco para fazer uma cerca. Como não conseguisse, começou em voz alta a praguejar e a gritar: "Ó Deus ocioso e zombeteiro, se não me ajudares a cravar o bambu no buraco, eu o cravarei em teu coração!"

O jovem, cambaleante, avistou então Narada e bradou: "Olá, tu que não prestas para nada, por que estás aí a me observar?"

Narada retrucou, surpreso: "Posso ajudar-te a cravar o bambu?" Ao que o jovem bêbado respondeu prontamente: "Não, senhor, só aceitarei ajuda do Deus Enganador e Esquivo, que brinca de esconde-esconde comigo e oculta-se nas nuvens para não trabalhar em meu favor".

Narada, com leve sarcasmo, indagou: "Bêbado e louco que és, não tens medo de praguejar contra Deus?"

"Oh, não, ele me entende melhor que tu", foi a réplica instantânea. "E quem és tu, afinal?"

"Sou um anjo do Céu à procura de verdadeiros devotos de Deus na Terra."

"Ora, é para isso que estás aqui? Pois então fala-Lhe em meu favor, embora eu não seja lá muito bom, e pergunta-Lhe por que ainda não me visitou e quando o fará."

Um tanto relutante e pensando com seus botões: "Tens muito pouca chance de ver Deus", Narada concordou em atender ao pedido do jovem bêbado. E, subitamente provido de asas, voou para o Céu. Muito excitado, correu ao local de onde a Majestade Divina reinava, sentada num brilhante trono atômico.

O Rei do Céu perguntou-lhe gentilmente: "Meu caro Narada, conta-me tudo sobre tuas excursões terrestres".

"Bem, meu Rei", disse Narada, "às vezes penso que és difícil de contentar e até cruel. Conheces o anacoreta Bhadraka, que mora debaixo de uma árvore de tamarindo?" Deus sacudiu a cabeça grisalha e murmurou: "Não, não me lembro dele".

"Mas como pode ser isso, Deus? O homem tem praticado toda espécie de disciplina por oitenta anos, só para agradar-Te!", espantou-se Narada.

Mas Deus insistiu: "Não importa o que o anacoreta pratique, jamais tocou meu coração. E o próximo?", perguntou o Senhor.

"Encontrei...", começou Narada. Mas, antes que terminasse a frase, Deus o interrompeu: "Encontraste um jovem bêbado".

"É estranho, Majestade Divina, que te lembres desse homem. Talvez porque Te tenha ofendido com seus bambus..."

Deus riu com gosto e disse, em tom amável: "Meu bom Narada, não te irrites comigo nem me venhas com sarcasmos. Vou provar-te qual dos dois homens que encontraste na terra é um verdadeiro devoto. Volta lá, procura primeiro o anacoreta Bhadraka sob a árvore de tamarindo e dize-lhe: 'Dei teu recado a Deus, mas Ele está muito ocupado passando milhões de elefantes pelo buraco de uma agulha. Quando acabar, virá visitar-te'. Depois de ver como ele reage, vai dizer a mesma coisa ao jovem bêbado e observa também sua reação. Então, compreenderás".

Narada desceu de novo à terra e transmitiu a mensagem de Deus ao velho anacoreta, que ficou furioso e gritou: "Fora daqui tu, Deus e teu bando de insensatos! Onde já se viu alguém passar elefantes pelo buraco de uma agulha?! Esses oitenta anos de disciplina nada mais são que loucura, pois tentei agradar a um Deus que seria maluco se existisse. Vou recuperar a razão e o senso prático, vou retomar meus deveres terrenos há muito negligenciados".

Surpreso com essa observação desleal para com Deus, Narada partiu imediatamente e foi visitar o jovem bêbado, que encontrou mais bêbado ainda, praguejando como nunca e tentando cravar outro bambu num buraco para fazer a cerca. Mas tão logo Narada apareceu, a embriaguez do jovem como que se evaporou, dando lugar a um acesso de alegria. Veio correndo e gritou: "E então, Narada, qual foi a resposta de Deus à minha mensagem?"

Quando ouviu a resposta, o jovem se pôs a dançar entusiasmado, dizendo: "Quem pode passar mundos pelo buraco de uma agulha num instante, quando quer, já terá passado os elefantes há muito tempo e logo estará aqui comigo. E quando vier, meu amor por Ele me fará esquecer o hábito de beber vinho e praticar más ações".

Narada se juntou à dança que o jovem executava em êxtase divino e logo perceberam que Deus dançava com eles.

ESTA HISTÓRIA ENSINA que, se você não amar a Deus, Ele jamais se revelará a você – não importa por quanto tempo frequentou a igreja e independentemente das boas obras que praticou de uma forma mecânica.

Mesmo que, apesar de muito esforço, você não tenha conseguido se livrar dos maus hábitos, mas esteja profundamente embriagado com o amor de Deus, Ele logo surgirá a seus olhos e, com o amanhecer da Luz da Revelação, todas as sombras do mau comportamento desaparecerão de sua alma.

Os exercícios espirituais podem dar alguns resultados bons, mas, para guardar Deus no santuário do coração, o divino amor devocional é necessário.

O CAÇADOR QUE SE TORNOU SANTO

Um caçador cruel assolava as selvas de Bengala, Índia, matando pássaros sem piedade, só pelo prazer de matar. Como não houvesse restrições à caça naquele tempo, determinando quantos pássaros se podia matar, esse caçador, sr. Nishada, enchia a floresta de aves mortas ou moribundas.

Dada a matança indiscriminada de aves que ele perpetrava, as que sobraram após escapar à mira fatal de suas armas tornaram-se intuitivamente sagazes e fugiam ao menor ruído da aproximação do malvado caçador. Isso o enfureceu. E, percebendo que assustara as aves a ponto de não poder se aproximar delas, começou a disparar ao acaso contra a densa folhagem da selva escura. Finalmente, depois de gastar muitos cartuchos, passada a raiva e totalmente desanimado, caminhou por muito tempo até sair da floresta. Ficou admirado com o espetáculo à sua frente, que logo lhe devolveu a esperança. Para seu espanto, avistou um santo de traje cor de açafrão mergulhado até os joelhos no lago próximo à orla da floresta, com todos os tipos de pássaros pousados confiantemente em sua cabeça, ombros e mãos ou flutuando tranquilamente à sua volta.

Uma ideia lhe ocorreu de imediato: "Se eu usar um traje cor de açafrão e me fingir de santo inofensivo, inspirarei confiança às aves e elas virão pousar em mim, enxameando ao meu redor. Poderei então matar as que eu quiser. Elas não mais fugirão quando eu me aproximar".

O caçador observou, imóvel por trás de uma árvore, como o santo, à maneira de São Francisco de Assis, alimentava e doutrinava os pássaros, para depois, findo o banho no lago, afastar-se com dificuldade deles, que insistiam em segui-lo.

No outro dia o caçador, munido de paus, facas e punhais que havia escondido sob as roupas, e vestindo trajes cor de açafrão como é costumeiro entre os santos da Índia, entrou calmamente no lago. Para grande satisfação do caçador, que mal conseguia acreditar no que via, as mesmas aves que fugiam ao pressenti-lo agora vinham confiantemente, como crianças, pousar em seu corpo e enxamear à sua volta. Estava feliz para além dos sonhos; mas, quando tentou golpear os pássaros, notou que suas mãos estavam paralisadas. Não conseguia mexê-las. Não tinha coragem de trair os olhos inocentes dos pássaros, que com tanta inocência se aproximavam dele.

Pôs-se então a pensar: "Fui um caçador odioso, cuja simples visão assustava as aves. E eis que a magia de uma simples roupa cor de açafrão de um santo, embora cubra um lobo em pele de cordeiro, convenceu-as a confiar em mim, uma criatura digna de ódio". E mais: "Se uma roupa de santo gera tamanha confiança até em animais sem malícia, quanta confiança não geraria um santo de verdade, com suas roupas cor de açafrão, em todas as pessoas?" Assim pensando, atirou no lago os paus, facas e armas, e foi embora decidido a tornar-se um santo verdadeiro, em meio ao estridor das aves confiadas, que o seguiram até onde podiam para só então afastar-se dele com relutância.

Assim, o novo santo-caçador se tornou conhecido por descer diariamente ao lago, alimentar os pássaros e cantar para eles. Fez tantos amigos entre esses pequenos seres emplumados que os assentos à margem do lago sempre ficavam apinhados de todas as espécies de aves. Depois de concluir seus sermões de paz, sentia-se feliz ao notar a diferença entre a vida de caçador e a de santo. Como caçador, repelia os pássaros amantes da tranquilidade; como santo, conquistava o amor de todos eles. E, após ficar amigo dos pássaros, tornou-se um grande mestre: atraía os mais variados tipos de pessoas e as servia entoando a canção da Verdade brotada do âmago de seu coração.

VEMOS QUE O caçador, apenas por imitar o aspecto exterior da bondade, acabou se tornando bom. Não se esqueça de que, embora você não consiga superar suas fraquezas íntimas de uma vez por todas, não há nada de errado em vestir a roupa da bondade se, real e sinceramente, estiver tentando ser bom. É melhor até imitar a bondade do que imitar a fraqueza. Sem dúvida, usar deliberadamente a bondade para enganar pessoas é uma grande blasfêmia contra Deus e contra si mesmo.

Não se preocupe se alguém o chamar de hipócrita por causa de uns poucos deslizes, caso esteja sinceramente querendo ser bom. Não devemos esperar muita bondade de quem procura ser bom – mas, de quem fez o melhor para ser bom, podemos esperar bondade. "Não julgueis para não serdes julgados." Deus não se rejubila apenas quando os bons filhos regressam à casa da sabedoria; Ele se rejubila também quando os filhos pródigos e maus voltam de suas andanças por caminhos errados.

O BANDIDO E O TOURO

Era uma vez um bandido muito perverso, chamado Rakusha, que vivia com seu bando numa caverna escondida no seio escuro das montanhas do norte da Índia. Esse ladrão voraz era famoso pela crueldade quando roubava, matava e pilhava. Tinha a natureza perversa. Diz-se que o tigre mata animais até quando está farto – apenas pelo prazer de matar. Rakusha, semelhante ao tigre, se excedia na arte da crueldade, desprezando e ridicularizando todas as leis espirituais que por acaso conhecesse. Era a encarnação da maldade.

Certa vez, ele saiu com seu bando para pilhar uma pobre aldeia na orla da floresta. Ao passar pela mata, realizou um verdadeiro morticínio de pássaros apenas para se divertir. Quando chegou à orla, avistou uma estrada poeirenta de cerca de meio quilômetro que levava à aldeia, toda ladeada de árvores altas. Um dos bandidos observou que aquelas árvores davam sombra aos viandantes, protegendo-os do forte calor do sol oriental. "Pois bem", disse o chefe, "cercai essas árvores e cortai sua casca, para que morram e não mais deem sombra aos aldeões."

Suas ordens foram obedecidas e, quando o bando se aproximou da aldeia, percebeu que teria de caminhar sobre tijolos soltos assentados numa poça lamacenta. Depois de cruzar esse pântano, o chefe dos bandidos pensou: "Vamos remover os tijolos para que ninguém mais tenha o conforto de andar sobre eles e escape ao contato desagradável da lama". Mas logo lhe ocorreu que teria de caminhar sobre eles de novo para voltar a seu esconderijo do outro lado da floresta. Depois, quando o bando entrava na aldeia, alguns santos saíram de lá e se deliciaram por pisar nos tijolos, evitando sujar as sandálias. Os leitores devem fixar na mente essa visão dos homens santos cruzando o pântano e usando os tijolos deixados pelo chefe dos bandidos apenas para seus fins egoístas.

Os bandidos pilharam a aldeia, assassinaram homens, mulheres e crianças, e se prepararam para partir. De novo o chefe teve de pisar os tijolos sobre o pântano. Depois que todo o bando atravessou, ele, com sua lança comprida, afundou os tijolos na lama, para que ninguém mais os usasse.

Agora, a cena muda. Passado algum tempo, o chefe dos bandidos foi traiçoeiramente morto por um de seus subordinados, que queria assumir a liderança do grupo. Segundo as escrituras hindus, todo homem tem dois anjos (que carregam dois livros de registro), um postado à sua esquerda, outro à sua direita. O da esquerda consigna no livro todos os atos perversos do homem; o da direita, todos os atos virtuosos. Assim, quando a alma desse ladrão atroz estava sendo escoltada para o antro mais escuro e horripilante do Inferno, o governante do Céu e do Inferno, a fim de evitar qualquer injustiça, pediu aos anjos que consultassem seus registros. O anjo do lado esquerdo disse: "Honorável Senhor, o livro dos pecados está tão cheio das más ações desse homem que tive de escrever até nas margens de todas as páginas".

O anjo do lado direito disse: "Já no meu livro, as páginas estão em branco. Não encontro nenhum registro de uma boa ação praticada por esse bandido cruel". Instado a reexaminar melhor o livro, o anjo da direita exclamou: "Ah, na última página estou vendo uma única ação virtuosa, única e indireta. Ele, certa vez, deixou sem querer alguns tijolos num pântano para usá-los ao atravessar; tem, portanto, algo a seu favor porque uns homens santos também os usaram". O anjo encarregado do Céu e do Inferno disse então à alma do bandido: "Tens duas horas de completa liberdade no Paraíso ou no Inferno. Qual é a tua última vontade?" A alma do bandido, ainda contaminada de maldade, pensou um pouco e se saiu com esta: "Dá-me um touro alado do Inferno, com cornos longos e pontiagudos". Um feroz touro alado apareceu à sua frente. O bandido montou-o e, depois de se assegurar de que o animal o obedeceria, ordenou: "Senhor Touro, ataca todos os guardiões do Inferno". Foi um pandemônio. O Inferno nunca vira tanta correria e confusão.

Ouvindo o barulho, o anjo encarregado do Céu e do Inferno, com seus assistentes alados, acorreu à cena para salvar os guardiões do ataque. A alma do bandido, tomada de euforia, parou de perseguir aquelas vítimas e ordenou ao touro que voltasse seus chifres agudos contra o Chefe dos Anjos. Ante a tragédia iminente, o anjo e seus assistentes alçaram-se no espaço, em busca de abrigo atrás das portas seguras do Céu. Os guardiões do Inferno enviaram mensagens telepáticas ao Paraíso, informando os anjos sobre o terrível ultraje perpetrado pelo arquimalfeitor. Arcanjos voaram em socorro dos anjos fugitivos, mas, impedidos pela Lei, nenhum podia responder ao ataque do touro alado, que não parava de espalhar confusão por ordem do terrível bandido. Era uma cena embaraçosa e até ridícula: a mais poderosa hoste de anjos, inclusive o governante do Céu e do Inferno e seus assistentes, fugindo espavoridos em direção ao Céu, para salvar suas vidas.

O touro entrou pela Porta de Pérola nos calcanhares dos anjos fugitivos. A confusão se instalou no Céu. Por fim, os anjos espavoridos e o malfeitor montado no touro chegaram diante do Trono de Ouro de Sua Majestade, quando já duas horas haviam decorrido. De súbito, o animal interrompeu sua ultrajante atividade de perseguir os anjos por ordem da alma do celerado. Os anjos recolheram as asas e descansaram. Mas o guardião do Céu e do Inferno se aproximou do bandido agora impotente e gritou: "Então até aqui neste outro mundo segues teus maus instintos! Daremos a ti e a teu touro alado trabalho incessante na pior parte do Inferno. O Céu é bom demais para os dois".

Mas logo os anjos ficaram paralisados ao ouvir o Pai Celestial exclamar: "Não, não devolvereis o bandido e seu touro ao Inferno, pois já estão livres uma vez que puseram os pés no Céu. Não importa como alguém chegue aqui, se praticou uma pequena ação boa não voltará para o Inferno".

SIM, CARO AMIGO, esta é uma história bastante audaciosa, mas tem por alvo ajudar você a se lembrar de que, pouco importando suas ações no passado, se não pecar mais e cultivar um mínimo de bondade, as portas do Céu se abrirão para você. Gozará então a eterna alegria e liberdade. A ideia é: não calcule a distância entre você e a Verdade, mas continue andando em direção a ela e praticando algum bem todos os dias, pois assim alcançará inevitavelmente seu objetivo.

COMO UM SANTO CONVERTEU UM LADRÃO

Tulsidas, um santo piedoso, adorava uma imagem de Rama, o grande profeta épico da Índia. Alguns admiradores ricos de Tulsidas, impressionados com sua intensa devoção, deram-lhe vários utensílios de ouro para serem usados nas cerimônias sacerdotais de seu templo. Tulsidas, enquanto meditava profundamente sobre Rama, com frequência sentia medo de que os utensílios de ouro fossem roubados. E esse medo não era de todo infundado, pois um ladrão, ciente da existência daqueles objetos no templo aberto de Tulsidas, todas as noites aguardava uma oportunidade para surrupiá-los. Entretanto, quando se aproximava, via a imagem viva do profeta Rama montando guarda à porta do templo.

O santo Tulsidas deixava o templo aberto e, à noite, costumava meditar sob um dossel de flores perfumadas, a uns cem metros do edifício. O que intrigava o ladrão era não haver, durante o dia, sentinelas à porta, enquanto, por sete noites, o profeta Rama, armado de arco e flechas, guardava a entrada do templo. Não podia ser o próprio Tulsidas disfarçado, pois o ladrão, antes de tentar entrar, se certificava de que o santo estivesse mergulhado em meditação profunda debaixo de seu dossel favorito de flores.

Confuso, o ladrão se vestiu como um cavalheiro, procurou Tulsidas uma manhã e lhe disse: "Honorável Senhor, por sete noites eu quis entrar em teu templo a fim de meditar e receber alguma vibração sagrada, mas não consegui porque avistei tua sentinela vestida como o profeta Rama, munida de arco e flechas, guardando ameaçadoramente a porta. Ouvi dizer que não fechas o templo nem à noite para que os verdadeiros devotos possam ali meditar — menos eu."

"Viste mesmo o profeta Rama postado à porta do templo?", perguntou Tulsidas, com lágrimas nos olhos, ao ladrão trajado de cavalheiro. "Bem, lamento muito. Pedirei à minha sentinela que não mais monte guarda, para que possas visitar o templo a qualquer hora." O santo havia compreendido que seu medo de perder os objetos de ouro forçara o profeta Rama a se materializar para proteger os tesouros do templo. E, sem nada dizer, percebeu que o cavalheiro era um ladrão.

Tulsidas entrou no templo e meditou o dia inteiro, pedindo a Rama: "Senhor, leva embora meus utensílios de ouro e não te faças mais de minha sentinela, ficando a noite inteira sem dormir para guardá-los. Envergonho-me de ter-te aborrecido com meus receios". Rama apareceu-lhe numa visão e atendeu à prece do devoto Tulsidas.

Acreditando na palavra do santo, de que o templo não mais teria sentinelas, e certificando-se de que Tulsidas estivesse mergulhado em profunda meditação sob seu dossel de flores, naquela noite o ladrão se esgueirou pelo jardim na direção do templo para roubar os utensílios de ouro. Não havia nenhum deus vigiando a entrada do edifício no silêncio da noite. O ladrão se aproximou na ponta dos pés, abriu devagar a porta e entrou. Não viu ninguém dentro do templo. Apressadamente, reuniu a maioria dos utensílios de ouro, colocou-os numa sacola e saiu correndo. Lá fora, encontrou um cão desgarrado que começou a ladrar e a persegui-lo. O ladrão, com o tilintar do ouro às suas costas e o cão em seu encalço, correu ainda mais para se proteger.

Tulsidas havia terminado a meditação e descansava sob a árvore, esperando a volta do ladrão, quando ouviu o latido de um cachorro, o som de pés que corriam e o tilintar dos utensílios de ouro. Dirigiu-se então ao templo e viu que quase todos os utensílios haviam desaparecido. Tulsidas recolheu apressadamente os que o ladrão havia deixado para trás, embrulhou-os num lenço e correu na direção dos latidos do cachorro. Sendo um homem saudável, Tulsidas era veloz como um cervo e logo alcançou o ladrão, que, arrependido e quase fora de si de medo, caiu aos pés do santo e gritou: "Piedoso Santo, pega de volta teus utensílios de ouro. Não os quero. Só te peço que não me leves à polícia, pois tenho família para cuidar".

O santo riu com gosto e, dando uma palmada amigável nas costas do ladrão, entregou-lhe o resto dos objetos, dizendo: "Filho, não corri tanto para te prender, mas para te dar o que, na pressa, deixaste para trás. Estou aliviado por me livrares desses utensílios, que me distraíam de minhas meditações sobre meu amado Rama. Precisas mais deles que eu. Leva-os com minha bênção. Mas uma coisa te peço: da próxima vez que quiseres alguma coisa do templo, não a roubes, pois assim envenenarás tua vida espiritual. Pede que eu te dou".

O ladrão ficou boquiaberto com o desapego, a devoção, a capacidade de perdoar e a generosidade de Tulsidas. Ajoelhou-se aos pés do santo, balbuciando entre soluços: "Honorável Santo, roubo por profissão, mas jamais vi um ladrão como tu. Hoje, tiraste tudo de mim – corpo, mente, desejos, aspirações, coração e até alma, para não falar dos utensílios de ouro que me deste. Não quero mais roubar bens perecíveis, quero ser um ladrão de almas como tu, a fim de entregá-las a Deus". Depois disso, o ladrão, agora discípulo, começou a seguir as regras do tempo e daí por diante os dois falaram, sonharam e amaram juntos a Deus, até que seus corpos se desprenderam das almas como a pele das serpentes. Elas, então, renovadas e exultantes, encontraram abrigo no seio da rocha da eternidade.

A HISTÓRIA ACIMA mostra que o amor a Deus não deve ter limites. Enquanto um único desejo permanecer reinando, supremo, no trono de seu coração, a Divindade Cósmica permanecerá oculta de você no universo. Renuncie a todos os desejos de coisas perecíveis. Isso não o tornará negativo nem triste, ao contrário, lhe trará a alegria de Deus por toda a Eternidade – alegria verdadeira, imperecível, sempre nova e cada vez mais intensa.

Sua mente não deve roubar desejos materiais dourados, mas esquecer o que o mundo mais valoriza se quiser receber a felicidade indestrutível e sempre nova de Deus. Então, quando você deixar as margens da terra, poderá levar a paz imorredoura, esse tesouro de Deus conquistado por meio da meditação, para o Grande Além, onde o gozará eternamente.

POR QUE O RICO FICOU POBRE E O POBRE FICOU RICO

Na Índia predominantemente devota, viviam outrora dois amigos: o sr. Dissoluto, o rico, e o sr. Honesto, o pobre. Moravam com suas famílias numa grande casa geminada. O sr. Dissoluto era um malandro despudorado, um libertino; ao contrário, o sr. Honesto cultivava a religião e sempre agia corretamente. A vida de ambos era paradoxal e sua maneira de viver não podia de modo algum explicar seus destinos e condições diferentes. O sr. Dissoluto, embora infiel à esposa e grande pecador, tinha uma esposa gentil, dedicada, bela e espiritual que lhe perdoava todas as idiossincrasias e maldades. Era aparentemente verdadeiro que, quanto mais pecava e farreava, mais o sr. Dissoluto enriquecia, ficando mais forte e saudável, além de atrair amigos prestimosos e prósperos. Seus investimentos nunca deixavam de dar lucros.

Por outro lado, o sr. Honesto era rigorosamente fiel à esposa, ainda que ela fosse muito feia, exímia na arte de irritar, uma faladeira sem papas na língua e, não bastasse isso, falsa. Parecia que, quanto mais se absorvia na metafísica e na meditação, mais o sr. Honesto acumulava dissabores na vida. Perda de amigos, maus investimentos e pobreza extrema o perseguiam tenazmente.

O rico sr. Dissoluto procurava tentar o amigo, dizendo: "Sr. Honesto, olha aqui, se esqueceres tua metafísica tola e inútil, e tomares alguns goles como eu faço, vou te dar um pouco de dinheiro para começares vida nova. Atrairás então riquezas e amigos. Mas só o farei se renunciares à mania religiosa e à loucura metafísica".

O sr. Honesto, porém, respondia: "Não, meu amigo, agradeço tua oferta, mas não tenho nenhuma intenção de esquecer meus atos virtuosos, que me dão grande satisfação íntima, embora não me proporcionem riqueza".

Enquanto isso, tudo sorria para o sr. Dissoluto, que mais próspero ficava quanto mais pecados cometia. Já o sr. Honesto, para quem nada sorria, piorava em saúde, felicidade e prosperidade na mesma medida em que se aprofundava na metafísica. Isso durou algum tempo até que, certa noite, o sr. Dissoluto travou uma discussão com o sr. Honesto. Encontraram-se na sala da casa e iniciaram uma troca explosiva de palavras sobre a melhor maneira de viver.

O sr. Dissoluto começou: "Louco metafísico, tu te julgas um anjo, mas só o que vejo em minha frente é um homem fracassado. Quanto mais te fartas de religião, mais a religião te sufoca. Por que não ages de maneira natural?"

O sr. Honesto replicou: "Ó homem rico, inútil e vaidoso! Não quero teu dinheiro sujo para imitar teus maus hábitos. Sinto-me bem, embora não consigas entender o motivo".

O sr. Dissoluto, confiante em seu caráter, continuou num tom grave: "Não percebes que vivo uma vida natural? Bebo quando tenho vontade. Faço o que meus impulsos me levam a fazer e, como vês, sou saudável e feliz como uma cotovia. A metafísica paralisou tua força de vontade e tua capacidade criativa, motivo pelo qual tua mente se embotou. Tua mente enferma te mantém física e financeiramente enfermo. Olha aqui, serás feliz se esqueceres Deus, seguindo a mim e à Natureza. Não há Deus nem leis neste mundo, exceto as que nós próprios criamos. Solta-te e junta-te a mim nos caminhos da vida natural!"

O sr. Honesto, tomado de virtuosa indignação, gritou: "Ó homem ignorante, há um Deus, sim! Ele ouve nossas preces e tem meios misteriosos de recompensar seus devotos depois que passam pelas provações terrenas. Posso demonstrar-te que Deus existe e que atende às nossas preces".

O sr. Dissoluto imediatamente desafiou: "Está bem, favorito de um Deus inventado, por que não pedes ao Todo-Inexistente que me mostre algo de tangível?"

O sr. Honesto, com perfeita segurança, respondeu: "Aceito teu desafio. Rezarei a Deus noite e dia durante um mês e, na sexta-feira seguinte, tu terás uma grande demonstração em resposta às minhas preces. O que te acontecer e a mim na sexta-feira será em virtude de minhas orações, daqui a um mês".

O sr. Dissoluto, para entender melhor, perguntou: "Que queres dizer com 'o que te acontecer e a mim na sexta-feira'?"

O sr. Honesto respondeu: "Bem, quero dizer que minhas preces durante um mês merecerão do Pai Celestial uma resposta naquele memorável dia. Se a Natureza mandar fortuna a ti e infortúnio a mim, então vencerás e eu perderei. Saberemos então, nós dois, que Deus não existe; mas se Ele mandar fortuna a mim, como acredito que mandará, e infortúnio a ti, saberás que Deus existe e que atendeu às minhas preces. Se eu perder, imitarei teu modo de vida; se perderes, imitarás o meu".

O sr. Dissoluto caiu na gargalhada e disse: "Está bem, arcanjo, aguardarei que tuas preces tragam alguma manifestação de Deus na sexta-feira marcada, se houver Deus. E lembra-te: se eu ganhar e tu perderes, abandonarás a metafísica e adotarás meu modo de vida".

O sr. Honesto orou a Deus, noite e dia, desta maneira: "Pai Celestial, meu Deus amado, se existes, castiga Dissoluto na sexta-feira e traz-me boa fortuna, para que eu vença em Teu nome".

Muitas vezes, oramos à nossa própria maneira e pedimos a Deus que atenda às nossas orações do modo que desejamos. Mas os caminhos do Todo-Poderoso são misteriosos. Ele não se digna revelar como haverá de responder às preces do devoto verdadeiro, sincero. Assim, Deus agiu misteriosamente naquela memorável sexta-feira – o fim de um mês de orações.

O sr. Honesto quase perdeu o fôlego rezando dia e noite durante um mês inteiro – e, quando a sexta-feira chegou, o que aconteceu foi muito estranho e aparentemente injusto. De manhã, o sr. Dissoluto estava de ótimo humor e mal podia esperar que o dia acabasse. Confiante na vitória e movido por um curioso impulso, foi caçar numa floresta próxima. Matou impiedosamente vários pássaros, mais do que precisava para alimentar a família, e colocou-os no dorso do cavalo.

No caminho de volta, parou sob uma árvore frondosa para descansar. Deitado à sombra, começou a escavar distraidamente o chão com sua faca. Súbito, ouviu um som metálico provocado pelos golpes da lâmina. Pôs-se a cavar mais e, por fim, a uma profundidade de meio metro, se deparou com um cofre de ferro. Depois de retirar a terra em volta, conseguiu abri-lo... e, para seu espanto, encontrou 3 milhões de dólares em moedas de ouro, escondidas por piratas. Estavam ali havia anos sem que ninguém as buscasse, pois os piratas, depois de enterrá-las, brigaram entre si até morrerem todos.

O sr. Dissoluto, mal controlando a alegria, esvaziou o saco que continha as aves e encheu-o com as moedas. A caminho de casa, não teve dúvida de ser o vencedor da aposta e perguntou-se o que teria acontecido a seu amigo. Ao chegar, soube – ao mesmo tempo surpreso e radiante – que o sr. Honesto, rezando enquanto andava e muito distraído, sofrera um grave acidente e quase morrera ao colidir com um cavalo e uma carroça, sendo levado inconsciente ao hospital.

O sr. Dissoluto achou graça no acontecido? Achou. Exultante, disse a si mesmo: "Agora sei que não existe Deus. Espero que o sr. Honesto se recupere logo e viva o bastante para aceitar essa verdade, aumentando o número de nosso partido ateísta pragmático". O ímpio acreditava nos prazeres do mundo; para ele não existiam Deus nem um universo divinamente organizado.

De volta do hospital, após várias cirurgias, a primeira coisa que o sr. Honesto soube foi da tremenda sorte do amigo na tarde de sexta-feira. Disse então: "Até nunca mais, Deus!"; e, atirando todos os seus livros metafísicos ao fogo, correu para a floresta determinado a se suicidar.

Já não acreditava em Deus, tamanho fora o choque que sofrera. Mas também não podia esquecer a virtude e tornar-se voluntariamente mau, de modo que se acercou de um lago no seio da floresta e amarrou uma pedra no corpo para se afogar. Foi então que Deus lhe enviou um santo devoto para lhe explicar tudo.

O santo se aproximou com modos gentis, mas firmes, e falou: "Sr. Honesto, que estás fazendo num dia tão maravilhoso presenteado pelo Altíssimo?"

Irritado, o outro respondeu: "Some-te daqui, bajulador de Deus. O que estou fazendo não é da tua conta. E não quero ouvir esta palavra sem sentido, 'Deus', nunca mais na vida".

O santo replicou: "Por quê? Porque apostaste na existência de Deus e perdeste ao ser atropelado por uma carroça?"

O sr. Honesto ficou intrigado ao descobrir que aquele estranho sabia de seu acidente, do qual só tinham notícia duas pessoas: ele próprio e o sr. Dissoluto. Mais calmo ao ouvir as miraculosas palavras do santo, suavizou o tom e disse: "Honorável Senhor, podes me esclarecer por que eu, que estudei zelosamente a metafísica e meditei com afinco, vou ficando tanto mais pobre em saúde e dinheiro quanto mais medito? E por que Deus não apenas ignorou minha prece sincera, mas me ridicularizou aos olhos do sr. Dissoluto, aparentemente provando a verdade do ateísmo?"

O santo replicou em tom grave: "Sr. Honesto, não podes enganar Deus com tuas preces e forçá-Lo a satisfazer teus desejos. Ele não precisa de tuas preces nem tem obrigação de responder-te só porque querias ganhar uma aposta. Nunca faças semelhantes apostas envolvendo-O, mas, sempre que orares, não suponhas que Ele deva atender-te. Tens de te submeter à sabedoria divina, que decidirá se tuas orações merecem ser ouvidas ou não.

Sabes acaso, sr. Honesto, que em tua encarnação passada foste um grande pecador e, portanto, doente o tempo todo, percebendo apenas nos últimos anos quão infeliz e imprestável era tua conduta? Só pouco antes da morte é que decidiste voltar a ser um homem virtuoso. Por isso, nesta vida nasceste com a boa intenção de estudar metafísica e o desejo de meditar; mas, como foste outrora um pecador, enfrestaste inúmeros reveses físicos, mentais e espirituais. Tiveste também uma esposa boa e compreensiva que nunca valorizaste e que atormentaste com tuas más ações. Por causa dos pecados de tua vida anterior, resolveu-se que a sexta-feira seria o dia marcado para morreres. Contudo, por teres sido virtuoso nesta encarnação, tua vida foi poupada e escapaste apenas com um acidente. As más sementes das ações do seu passado brotaram, deram frutos e morreram; a virtude superou o mal. Volta para casa e, daqui em diante, a sorte te acompanhará em tudo".

Soluçando de gratidão, o sr. Honesto exclamou: "Ó Deus bem-amado, minha vida foi poupada por eu ter sido virtuoso nesta encarnação. Imploro Teu perdão, meu Amigo Todo-Poderoso. Perdoa minhas tolas blasfêmias contra Ti".

Em seguida, perguntou: "Honorável Santo, podes esclarecer-me por que tanta coisa boa sobreveio ao sr. Dissoluto e por que naquela sexta-feira ele encontrou 3 milhões de dólares?"

"Bem, meu filho", respondeu o santo, "o sr. Dissoluto não foi mau em sua encarnação anterior. Ao contrário, agiu como um homem relativamente virtuoso até se cansar das restrições impostas pela virtude e dizer a si mesmo: 'Para que ser tão estupidamente bom?' Então, resolveu viver em obediência a seus vis impulsos. Contudo, mal havia tomado essa decisão, morreu. De sorte que o sr. Dissoluto nasceu pecador devido à resolução tomada pouco antes de morrer; mas, como fora realmente virtuoso na última encarnação, auferiu os resultados das boas ações passadas, atraindo uma boa esposa, amigos, fortuna e saúde. Mas agora a balança pendeu para o outro lado e a maldade desta encarnação ficou mais pesada que a virtude da anterior. Na sexta-feira houve o último pagamento, os 3 milhões de dólares, mas isso não é nada perto da bondade imorredoura que desenvolveste nesta vida com tanto trabalho. Volta para casa e verás que teu amigo, o sr. Dissoluto, se tornou vítima de misérias indizíveis, que despencam sobre ele de todas as direções."

Dizendo isso, o santo se foi. O sr. Honesto, munido da verdade miraculosamente recebida, voltou e encontrou sua impertinente esposa atacada por uma terrível doença. Logo morreu e ele mais tarde conheceu uma mulher maravilhosa, doce e espiritual, com quem se casou. As doenças do sr. Honesto desapareceram como se nunca houvessem existido e uma tia rica, pouco antes de morrer, alterou seu testamento e em vez de deixar 10 milhões de dólares para a caridade, deixou-os para ele.

Já o sr. Dissoluto se viu subitamente afligido de paralisia e não pôde mais andar. Pouco depois, sua boa esposa faleceu. Segundo o costume da Índia, ele havia escondido todo o seu dinheiro num compartimento secreto debaixo da cama. Um criado descontente farejou o tesouro e, em conluio com alguns ladrões, entrou mascarado na casa e levou tudo embora, enquanto o sr. Dissoluto jazia imóvel, incapaz de detê-lo. Viveu a partir daí da caridade de seu amigo, o sr. Honesto.

VOCÊ NÃO DEVE PENSAR que escapará aos efeitos das más ações nem que as boas são estéreis. As más ações trazem inevitavelmente o mal; as boas, cedo ou tarde, trazem o bem.

O HOMEM QUE RECUSOU O PARAÍSO

Há muito, muito tempo, vivia na Índia um homem santo que passava os dias nas margens aprazíveis do sagrado rio Ganges. (Esse rio é considerado sagrado pelos indianos porque muitos santos meditam sob as figueiras frondosas que o ladeiam.) Após anos de profunda contemplação, o aspirante espiritual descobriu que, embora vivesse em um ambiente de beleza paradisíaca, rodeado de boas pessoas, bons livros e cerimônias religiosas no templo, sua mente só se concentrava em ferir e prejudicar seus semelhantes.

Sempre que procurava meditar sobre Deus, pensamentos indesejáveis invadiam sua consciência, torturando-o com a miséria das tentações. Quanto mais se esforçava para banir esses visitantes inescrupulosos, mais eles apareciam para perturbar sua paz. Por fim, fez o seguinte voto: "Não pararei de rezar até me livrar em definitivo desses intrusos, que acabam com minha paz durante a meditação". Passou-se uma hora; passaram-se duas – e os bandidos da inquietude continuavam se intrometendo em sua meditação. Ao fim de três horas, eles de repente se desvaneceram e em seu lugar surgiu a visão de um santo postado, como que em carne e osso, à sua frente.

O belo santo parecia vivo, mas falava com suavidade celestial: "Filho, numa encarnação anterior foste um mau homem, mas antes de morrer decidiste ser bom. Por esse motivo, nasceste na vida atual com a devota resolução de praticar o bem, embora, igualmente, com os maus pensamentos que tinhas na existência passada. É vergonhoso que, no ambiente sagrado do Ganges, com bons amigos e meditações regulares, vivas no inferno da inquietude interior". E o santo prosseguiu, após uma curta pausa: "Em consequência de teus atos na última encarnação e porque não te esforçaste mais para viver em paz neste ambiente espiritual, é metafisicamente obrigatório que, se não meditares com afinco agora, na morte terás de escolher entre viver no Paraíso com dez tolos ou no Inferno com um sábio. O que preferes?"

O aspirante espiritual respondeu: "Prefiro viver no Inferno com um sábio, pois sei por experiência própria que dez tolos transformarão o Céu num Inferno. Mas, se eu conviver com um sábio, mesmo na escuridão do Inferno, ele me ajudará a transformar o Inferno em Paraíso".

PORTANTO, se você tiver um lar celestial, mas brigar o tempo todo com membros da família e amigos, estará vivendo num Inferno de sua própria criação. Por outro lado, independentemente da desarmonia à sua volta, se meditar ou permanecer em silêncio por alguns minutos todos os dias, criando harmonia, estará vivendo no Paraíso, que levará no coração para onde for.

A RECOMPENSA DA VIRTUDE

No Hindustão, vivia outrora um rei devoto, amado pelos súditos tanto por sua liberalidade quanto por suas decisões justas e imparciais. Também gostava muito dos homens santos, deliciando-se em sua companhia. E lhes dava os melhores presentes.

Certo dia um velhaco, fingindo-se de homem santo, procurou o rei e disse-lhe: "Ó príncipe, tenho vivido uma vida de recluso, saindo apenas de vez em quando para o grande mundo a fim de visitar antigos santuários e locais de peregrinação nas margens dos rios sagrados. Por isso, gostaria de saber como seria uma breve mudança nessa existência monótona, triste e ascética. Permite, pois, ó príncipe, que eu fique em teu lugar e governe teu reino por apenas três dias". O rei, que jamais negava coisa alguma a um santo, concordou com a proposta e, na companhia da esposa e de seus dois filhos pequenos, deixou o país para um feriado de três dias.

O "santo" despiu então seu manto cor de açafrão e vestiu os trajes opulentos de um príncipe. Sentou-se no trono com uma coroa de ouro na cabeça e um cetro cravejado de pedras preciosas na mão para começar seu reinado de três dias.

Findo esse prazo, o monarca voltou para reassumir seu reino, mas o "santo", não querendo depor o cetro tão cedo, disse-lhe: "Generoso príncipe, degustei as delícias do poder, mas meus três dias de governo se escoaram depressa demais. Deixa que eu continue governando por mais algum tempo".

"Um devoto conhece as Escrituras", ponderou o rei, "e é digno de confiança para empunhar o cetro em meu lugar durante mais alguns dias. Seu governo será, sem dúvida, justo e honesto." Assim raciocinando, partiu de novo com a esposa e os filhos. Viajaram para vários lugares, sem saber muito bem aonde ir, até que, premidos pela fome e a sede, chegaram a uma floresta. Ali ficaram por algum tempo, sobrevivendo de frutas silvestres e raízes suculentas.

Por fim, procuraram abrigo numa estalagem à beira da estrada. Ali estava também um mercador que praticava secretamente o tráfico de mulheres e que, ao dar com os olhos nos encantos da rainha, decidiu na hora raptá-la e vendê-la como noiva. Assim, começou imediatamente a montar uma armadilha. Apresentou-se ao rei e disse: "Sou mercador e vou fazer negócios a um quilômetro daqui. Pretendo também encontrar uma casa confortável para minha esposa, que é inválida e precisa de cuidados. Que tal irmos juntos procurar uma pequena residência nessas condições?"

O rei, que nunca perdia a oportunidade de ajudar um semelhante em dificuldades, concordou com o plano. Na manhã seguinte, depois de andar a esmo, encontraram uma boa casa num bairro sossegado. Feito o negócio, voltaram para a estalagem, onde o mercador pagou sua conta, despediu-se do rei e fingiu mudar-se para a nova casa.

Ao crepúsculo, enviou uma liteira carregada por dois homens, com um criado e um bilhete ao rei, dizendo: "Querido amigo, tal como eu temia, minha esposa chegou doente e terrivelmente agitada. Poderia o amigo fazer a gentileza de enviar sua esposa para cuidar dela esta noite?" O rei, sempre disposto às boas obras e sem suspeitar da traição, permitiu que a rainha fosse levada para cuidar da esposa do amigo.

No dia seguinte, acompanhado dos dois principezinhos, foi até a casa do mercador e não encontrou ninguém. Então, adivinhou a amarga verdade. Com lágrimas escorrendo pelas faces, procurou a rainha na cidade inteira, mas inutilmente. Então, na agonia do desespero, deixando o resgate da esposa por conta da Divina Providência, pegou os dois filhos pela mão e continuou vagando até que um regato bloqueou sua passagem.

O pobre rei, incapaz de atravessar a corrente com os dois príncipes ao mesmo tempo, deixou um na margem para levá-lo depois e cruzou o rio com o outro nos ombros. Não tinha ido muito longe quando um tigre arrebatou seu filho deixado na margem e embrenhou-se na floresta; e, quando se virou para olhar para trás, o que estava em seus ombros caiu e foi levado pela corrente.

Assim, para o rei, os infortúnios vinham aos montes. Depois de perder todos os seus entes queridos, pôs-se a vagar sozinho e chegou ao território de outro príncipe, que acabara de falecer. Seus ministros, conforme o costume local de escolher um sucessor por sorteio, soltaram um falcão nos ares justamente no momento em que o infeliz rei entrava na cidade. Depois de dar várias voltas sobre a multidão, a ave finalmente pousou na cabeça do recém-chegado. Vendo isso, os ministros coroaram-no e aclamaram-no rei. Abria-se assim um novo capítulo em sua vida. Governou com justiça e paz; muitos sorriam no reino, mas ele era um rei triste.

O povo sabia que o bom monarca não tinha esposa e, para lhe dar uma, os ministros, sem consultá-lo, saíram à cata de uma noiva conveniente, prometendo uma boa recompensa a quem encontrasse uma mulher assim. Depois de uma longa busca, um homem conheceu certa noite uma senhora qualificada em todos os aspectos para ser rainha; assim, depois de ser aprovada pelos ministros, eles a instalaram num quarto do palácio e contaram o plano ao rei.

Sucedeu então que, na mesma ocasião, um caçador e um pescador trouxeram ao palácio dois meninos aparentemente órfãos. Ora, como o rei, segundo a lei hindu, é o guardião de todas as pessoas perdidas ou abandonadas, eles foram postos sob a guarda dos ministros. Os garotos, uma vez sozinhos, exceto pela presença da senhora, puseram-se a narrar suas aventuras e, enquanto falavam, ela começou a prestar atenção ao que diziam. De repente, levantou-se e abraçou-os, cobrindo-os de beijos. Ela era a rainha raptada e eles eram seus próprios principezinhos miraculosamente resgatados, um das mandíbulas do tigre, o outro do sepulcro das águas.

Enquanto os ministros tentavam convencer o rei a casar-se, um mensageiro chegou correndo e informou-o do estranho encontro da senhora e seus dois filhos perdidos. O rei, acompanhado por toda a corte, correu a observar a cena – e o que viu foi sua própria esposa perdida abraçada a seus dois filhos.

Assim, a virtude triunfou no fim. O pretenso homem santo, depois de governar o país com dureza, foi morto por seus súditos. Os velhos ministros descobriram seu antigo rei e imploraram-lhe que voltasse, mas ele não podia estar em dois lugares ao mesmo tempo. Cortou o nó górdio tornando cada um de seus filhos rei de um país, auxiliados por um conselho de anciãos, enquanto ele e a rainha se retiravam para a vida privada de acordo com o costume imemorial dos antigos.

O PODER Supremo

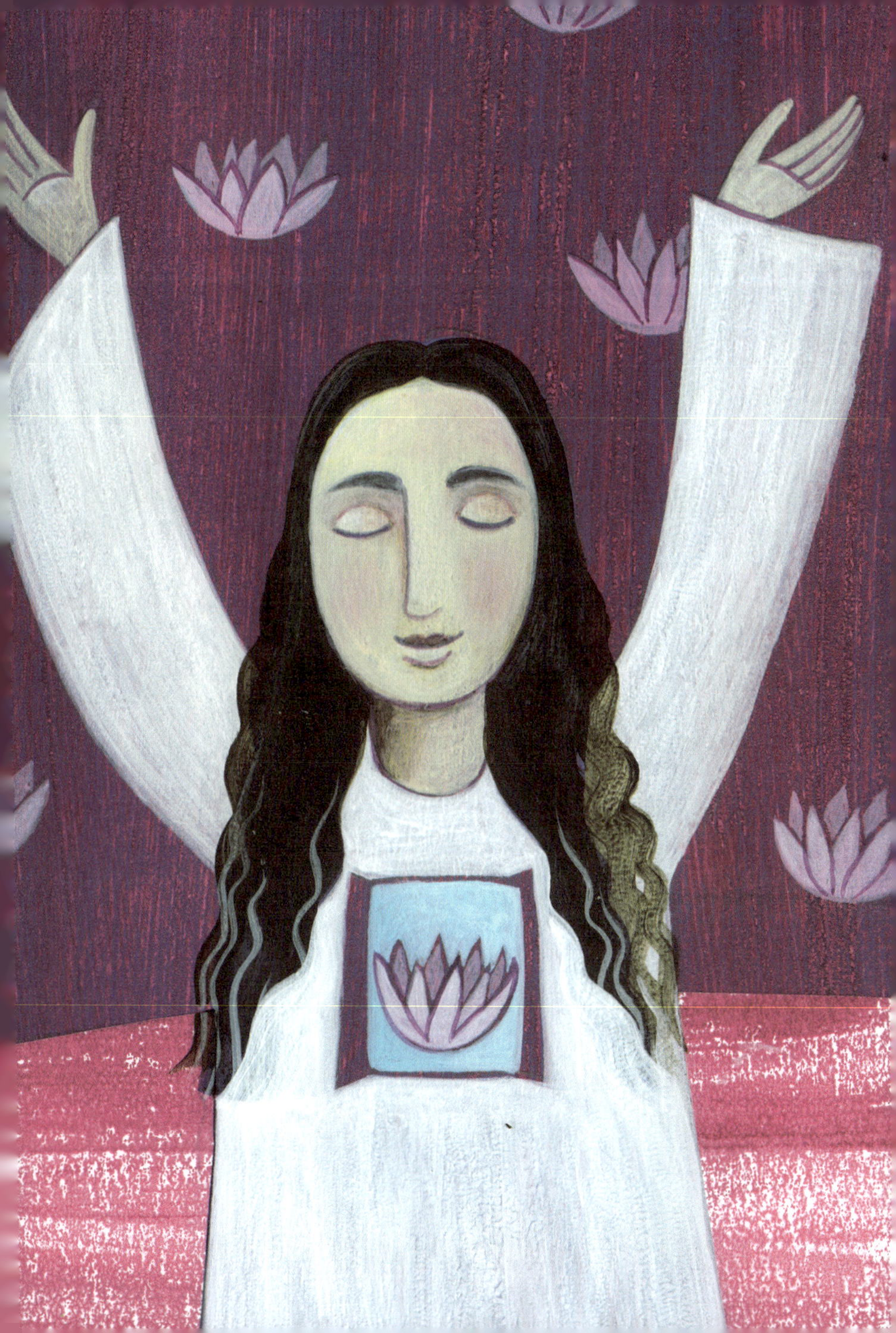

O LEÃO QUE SE TORNOU CARNEIRO

Uma enorme leoa decrépita trazia no ventre um filhote. Com o leãozinho crescendo dia após dia e pesando cada vez mais dentro de seu corpo, ela tinha dificuldade em sair à caça. Quando tentava se aproximar dos pequenos animais para apresá-los, eles fugiam com a maior facilidade. Nem furtivamente conseguia apanhá-los, pois estava muito lenta e falhava sempre. Gemendo tristemente ao peso do bebê e faminta, a leoa enveredou pela floresta e adormeceu à sombra das árvores de um bosque, perto de uma pastagem de carneiros. Sonhou com uma manada de carneiros que pastavam e, quando tentou se atirar contra um deles, agitou-se e acordou. Então seu sonho se tornou realidade, pois avistou uma grande manada não muito longe de onde estava.

Animada, esquecendo-se do leãozinho que carregava no ventre e premida pela loucura da fome insatisfeita, caiu sobre o rebanho, agarrou um cordeiro e desapareceu nas profundezas da mata. Mas não percebeu que, ao dar o salto contra a manada, o esforço a fizera parir o leãozinho.

Os carneiros ficaram tão assustados ante o ataque da leoa que muitos, paralisados e inconscientes, não conseguiram fugir. Depois que a predadora se foi e o pânico amainou, acordaram de seu estupor e começaram a lamentar a perda do companheiro. E enquanto lamentavam, na língua dos carneiros, perceberam para seu grande espanto o leãozinho indefeso gemendo no meio deles. Uma das mães do rebanho ficou com dó do bebê e adotou-o.

Assim, o leãozinho cresceu entre os carneiros. Anos se passaram – e, naquela manada, avultava um forte leão de grande juba e longa cauda, agindo exatamente como um carneiro! Ele balia em vez de rugir e comia grama em vez de carne. Esse leão estritamente vegetariano se aperfeiçoara em todos os detalhes da fraqueza e da mansidão de um cordeiro.

Aconteceu, porém, que outro leão enorme e faminto saísse da floresta vizinha à pastagem e, para seu grande deleite, se deparasse com o rebanho. Entusiasmado e faminto, o grande leão pôs-se a perseguir os carneiros quando, perplexo, avistou outro leão enorme e forte, com a cauda espetada no ar, fugindo desabaladamente na frente de todos. O leão parou por um instante, coçou a cabeça e disse para si mesmo: "Posso entender que os carneiros fujam de mim, mas não que um leão robusto corra tanto só de me ver. Esse medroso despertou minha curiosidade". Assim, determinado a se aproximar do fujão, ganhou velocidade e emparelhou-se com ele. O leão-carneiro desmaiou de medo. O outro ficou ainda mais perplexo e pôs-se a sacudi-lo para que ele recobrasse a consciência, enquanto o recriminava em tom áspero: "Ei, acorda! O que há de errado contigo? Por que, sendo meu irmão, foges de mim?"

O leão-carneiro cerrou os olhos e suplicou, na língua dos carneiros: "Por favor, deixa-me ir! Não me mates! Sou apenas um carneiro criado naquele rebanho que fugiu e me deixou para trás".

"Ah, então é por isso que estás balindo!", disse o grande leão. E, depois de refletir um pouco, uma ideia lhe ocorreu. Agarrou o outro pela juba com suas poderosas mandíbulas e arrastou-o para um lago, na orla da pastagem, aonde muitos animais iam matar a sede. Chegando à margem, aproximou a cabeça do leão-carneiro da água, para que ele visse seu reflexo, e sacudiu-o violentamente a fim de obrigá-lo a abrir os olhos, dizendo: "Que se passa contigo, afinal? Abre os olhos e verás que não és um carneiro".

"Bé, bé, bé! Não me mates, por favor. Deixa-me ir. Não sou um leão, apenas um pobre carneiro", choramingou o leão-carneiro.

O outro, furioso, sacudiu-o com violência, forçando-o a abrir os olhos. O leão-carneiro ficou estupefato ao ver o reflexo de sua cabeça: não a de um carneiro, como esperava, mas a de um leão, como a daquele que o estava sacudindo com a pata. A fera disse então, na língua dos leões: "Olha para minha cara e para a tua, refletidas na água. São iguais. E nota que minha boca ruge em vez de balir. Sim, ela ruge; e tu também podes rugir em vez de balir".

O leão-carneiro, convencido, tentou rugir, mas só o que conseguiu foi balir. Porém, sob os golpes das patas e a exortação do leão recém-chegado, conseguiu por fim emitir uns rugidos. Então, ambos correram pela pastagem, perseguindo os carneiros, e voltaram para o antro dos leões.

A HISTÓRIA ACIMA ilustra bem por que muitos de nós, embora feitos à imagem poderosa do Divino Leão do Universo, mas nascidos e criados no redil da fraqueza mortal, balimos por causa de achaques, carência, doenças e morte, em vez de rugir na certeza da imortalidade e da força, e perseguir a sabedoria e a prosperidade ilimitadas.

Os ensinamentos da autorrealização são o leão novo que nos arrasta para o lago cristalino da meditação e nos sacode com rudeza a fim de abrirmos os olhos para nossa sabedoria e nos vermos como o Leão da Divindade, feito à imagem do Leão Cósmico. Quem se esforçar se esquecerá dos balidos efêmeros da fraqueza, da doença e da morte, e aprenderá a rugir com a força da imortalidade todo-poderosa.

O DEVOTO IGNORANTE E O DEUS MAIS PODEROSO

Um devoto hindu não sabia bem que tipo de escrituras deveria ler e que tipo de ídolos deveria adorar. (Os ídolos ajudam a mente a se concentrar e ficam cobertos nos templos para que pássaros ou intempéries não os estraguem.) Perguntou-se então: "Que deus devo reverenciar?" Adquiriu um ídolo, mas ficou com medo de que outras divindades se ofendessem. Comprou mais um. E mais um. Por fim, tinha dois grandes baús cheios de ídolos que carregava consigo, suspensos de seus ombros por uma vara. Todos os dias alguém lhe recomendava adorar um ou outro deus, ler um ou outro livro sagrado... e os dois baús iam ficando cada vez mais pesados. O devoto já pensava até em comprar um terceiro baú. Mas concluiu que não conseguiria carregar três baús e sentou-se à beira de um lago, gemendo: "Pai Celestial, que livro devo ler e que ídolo devo reverenciar? Se reverencio um, os outros se irritam!"

Nesse momento, um homem santo passou por ali e, vendo o homem choramingar, perguntou-lhe: "Meu filho, por que choras? O que aconteceu?"

"Venerável santo, não sei que livro devo ler. Olha as centenas de ídolos que tenho aqui: a qual deles devo agradar?" O santo aconselhou: "Fecha os olhos e pega um livro qualquer. Segue-o pela vida inteira e atira os ídolos um por um contra uma rocha. Aquele que não se quebrar, adora-o". O devoto então pegou um livro. A maioria dos ídolos era de barro e todos se partiram, exceto um, esculpido em pedra dura.

De repente o santo, que já se afastava, voltou e disse: "Esqueci-me de uma coisa. Agora que achaste teu deus, volte para casa. Mas, se encontrares outro mais poderoso que esse, adora-o. Adora sempre o deus mais poderoso".

O homem então foi para casa e instalou o ídolo de pedra num pequeno altar que possuía ali, passando a reverenciá-lo e a oferecer-lhe frutas. Todos os dias, notava que as frutas desapareciam e pensou: "Sem dúvida, o santo me recomendou o deus certo. Como degusta frutas, deve ser um deus vivo". Certa vez, picado de curiosidade, decidiu observar como o deus comia. Entreabriu bem de leve as pálpebras enquanto orava e viu um grande rato chegar e devorar a fruta. Então, disse: "Ora, vede este ídolo de pedra! Não pode comer, mas o rato pode. Então, o rato é um deus mais poderoso". Assim pensando, agarrou o animal pela cauda e amarrou-o ao altar. Sua esposa ralhou: "Enlouqueceste!" "Não, não enlouqueci. Apenas sigo as instruções do santo, que me recomendou adorar deuses mais e mais poderosos."

Jogou então a pedra fora e começou a reverenciar o rato. Um dia, enquanto meditava, ouviu de repente um grande barulho e, abrindo os olhos, viu um gato devorando o rato. Pensou: "Hum, isso é muito interessante! O gato é mais poderoso do que o rato. Vou adorar o gato". Pegou-o e colocou-o no altar. O gato não precisou mais caçar ratos e foi engordando graças à sua ração diária de leite, sem precisar se apossar de nada. Dia após dia a meditação do homem se aprofundava – e, dia após dia, o gato engordava. O homem também bebia sua dose diária de leite, logo depois de acordar. O gato, não contente com sua porção, passou a beber a dele. Certa feita, após esvaziar o jarro todo, voltou e acomodou-se em seu altar. A esposa chegou, viu que o leite se fora, olhou para o gato sentado inocentemente no altar e pegou a vassoura.

A meditação do marido foi interrompida pelo rumor das vassouradas desferidas no gato. Olhou para a esposa que desancava o animal e pensou: "Interessante! Minha esposa é mais poderosa que o gato. Portanto, é um deus melhor que ele". Pediu então que ela se instalasse no altar. Ela o fez e todos os dias o marido tornava-a o objeto de sua meditação. A mulher, é claro, cozinhava para o marido, que comia depois de adorá-la. Mas, um dia, encontrou um pedaço de carvão no arroz. "Por que puseste carvão no meu prato? Por quê?", gritou ele para a mulher.

Ao que ela prontamente respondeu: "Senhor, não pus deliberadamente carvão no teu prato. Perdoa-me, sou tua serva". E ele: "Ah, isso é interessante! És minha serva e gostas de servir-me. Então, sou mais poderoso que tu. O mais poderoso dos deuses. Deus está em mim. Encontrei-O dentro de mim mesmo".

SE VOCÊ O encontrar no templo de sua alma, irá encontrá-Lo em todos os templos e igrejas. Encontre-O dentro e O encontrará fora. Não O encontrará em lugar algum a menos que O encontre em si mesmo.

O CERVO ALMISCARADO DO HIMALAIA

O almíscar é um bálsamo muito valioso, de perfume agradável, que se encontra no umbigo do cervo almiscarado, um habitante das alturas do Himalaia, na Índia. Quando o cervo chega a uma certa idade, o maravilhoso odor da substância começa a exalar de seu umbigo. O animal fica excitado com o cheiro e começa a procurá-lo, farejando debaixo das árvores e tentando descobrir durante semanas a fonte da fragrância.

Por fim, irritado e cada vez mais inquieto por não achar de onde vem o perfume, salta dos penhascos para o vale, na tentativa desesperada de encontrar sua origem, e morre. É então que os caçadores o localizam e extraem a bolsa de almíscar.

Um Divino Bardo certa vez cantou: "Ó cervo insensato, procuras o perfume em toda parte, menos em teu próprio corpo! Por isso não o encontras. Se houvesses aproximado tuas narinas de teu umbigo, encontrarias o aroma delicioso e evitarias saltar dos rochedos para a morte".

VOCÊ NÃO ACHA QUE MUITA gente se comporta como o cervo almiscarado? Quando essas pessoas crescem, procuram a felicidade eternamente perfumada fora de si mesmas – na diversão, na tentação, no amor humano e no caminho escorregadio da riqueza. Por fim, saltam do penhasco das grandes esperanças para os precipícios da desilusão, quando não encontram a felicidade autêntica, oculta nos recessos da própria alma.

Se você voltar sua mente para o interior, para a meditação profunda diária, encontrará a fonte da verdadeira e duradoura felicidade que habita o silêncio das profundezas de sua alma. Não seja como o cervo almiscarado, que perece procurando a felicidade onde ela não está, mas, buscando-a diligentemente, acorde e tente achá-la na caverna da contemplação profunda.

O FILHO QUE AMAVA MAIS OS MILAGRES DO QUE A DEUS

Um grande sábio vivia incógnito com sua família, composta da esposa, uma filha e um filho que mostrava pronunciada tendência religiosa. O sábio estava no mundo, mas não era do mundo, e escondia suas conquistas espirituais por trás de um verniz de aparente mundanismo.

O filho, porém, tendo herdado inconscientemente as qualidades elevadas do pai, começou por vontade própria a desenvolver sua ânsia de espiritualidade. O sábio só o ajudava de maneira indireta nesse esforço e evitava revelar sua verdadeira natureza ao filho. Com efeito, algumas pessoas espiritualizadas, que consideram o amor divino seu patrimônio mais valioso e sagrado, mantêm esse amor longe dos olhares de górgona das mentes materialistas.

O filho não tinha a mínima ideia de que o pai fosse um mestre espiritual, pois vivia perto dele e ele era seu pai. Apesar de todas as injunções para que permanecesse em casa e ali mesmo encontrasse Deus, o rapaz deixou a família e mergulhou nas profundezas de uma selva do Himalaia a fim de achar um preceptor. Conheceu um tibetano operador de milagres e ficou sob sua tutela por vinte anos. O jovem asceta se tornou versado na arte de realizar maravilhas psicológicas; e, com grande estardalhaço, orgulhoso por se supor dotado de poderes miraculosos, voltou à sua aldeia nativa. A comunidade ficou excitada ante a perspectiva de ter em seu seio aquele grande taumaturgo.

O rapaz, cheio de fanfarronice, começou a exibir suas façanhas a torto e a direito. Os boatos exageravam as façanhas do filho famoso, que por fim chegaram aos ouvidos humildes de seu pai, grande conhecedor de Deus. Curioso, o velho saiu à procura do filho. Encontraram-se e se cumprimentaram, mas o filho não conseguia esconder seu complexo de superioridade. Não tardou e já se gabava de fazer milagres ao pai profundamente espiritualizado, que lhe perguntou humildemente: "Filho, o que consegues fazer?"

"O que consigo fazer?", replicou zombeteiramente o rapaz, com um sorriso vaidoso nos lábios. Levou o pai para a margem do Ganges e, ali, exclamou: "Pai, observa agora a maravilha que vou operar diante de teus olhos". Depois de dizer essas palavras arrogantes, o operador de milagres rapidamente atravessou o rio até a outra margem sem sequer molhar os pés e depois voltou para junto do pai.

"E então, pai, isso não é maravilhoso?", gabou-se o rapaz. O pai, que sorrira o tempo todo, ficou sério de repente e, com ar grave, admoestou-o: "Filho, eu achava que havias realizado algo real, mas agora estou muito desapontado".

"Então ridicularizas meus milagres, aclamados por todos", rebateu o taumaturgo.

O pai prosseguiu, com firmeza: "Sim, filho, estou muito desapontado. Vejo que perdeste vinte preciosos anos aprendendo uma maneira miraculosa de atravessar o Ganges, façanha que realizamos simplesmente pagando alguns centavos a um barqueiro. Explica-me por que jogaste fora vinte anos só para economizar umas moedas".

O filho, subitamente, despertou de seu sonho de orgulho e permaneceu cabisbaixo diante do sábio pai, que lhe falou assim: "Filho, não ames mais milagres ou poder terreno do que a Fonte de todos os milagres e realizações. Se passares pelo jardim do silêncio até os encantos exóticos do belo palácio do Infinito, iluminado pelas luzes da aurora, não te deixes desviar pelo bruxuleio das estrelas e pelos caminhos secundários das belezas naturais. Se queres alcançar o palácio do Infinito, não te percas amando os encantos do finito. Se te diriges ao palácio, mas te deténs ante os atrativos e o fascínio do jardim que o circunda, nunca chegarás a teu destino.

"Amar milagres mais que à Fonte de todos os poderes, Deus, é um erro. Preferir o jardim de espinhosos desejos selvagens, em vez do palácio de todas as realizações, é loucura. Apetecer os falsos prazeres e desdenhar a verdadeira Bênção da Alma é um equívoco. Buscar o poder passageiro em lugar do poder permanente é uma falha de julgamento. Amar as coisas criadas por Deus mais que ao próprio Deus não é sabedoria.

Apreciar milagres fugazes em vez do milagre perpétuo do contato com Deus é insanidade". Assim dizendo, o pai se calou e o filho se fez humilde diante dele.

BUSCAR APENAS DEUS, renunciando a todas as ambições materiais, como sucede a muitos anacoretas, é correto. De fato, nenhum dever pode ser maior que o de buscar Deus, porquanto nenhum dever se cumpre sem a assistência dos vastos poderes do Pai. Entretanto, a melhor atividade consiste em cumprir bem os deveres materiais e, ao mesmo tempo, o dever para com Deus – por meio da meditação constante.

O RATO QUE SE TORNOU TIGRE

Uma floresta escura, habitada por animais selvagens, rodeava a santa cidade de Benares, na Índia. Bem no meio dela erguia-se um belo retiro onde morava um grande santo, amado por Deus e possuidor de inúmeros poderes miraculosos. O santo não tinha ninguém no mundo, exceto um ratinho de estimação. Muitos peregrinos e discípulos se arriscavam aos ataques de tigres e outros animais selvagens da floresta para visitar o grande santo, a quem levavam oferendas de frutas e flores. Nenhum se apresentava de mãos vazias ao mestre, que retribuía com tesouros espirituais. Todos os que visitavam o santo se encantavam com a grande amizade entre ele e o rato; e todos atiravam migalhas ao bichinho, universalmente conhecido como "o Rato do Santo".

Um dia, quando alguns estudantes visitavam o grande mestre em seu retiro, viram um gato perseguindo o rato, que correu para junto dos pés do sábio Mestre em busca de proteção. O sábio deteve o gato em sua obra criminosa e, diante dos olhos assombrados dos estudantes, transformou o trêmulo ratinho num gato enorme e feroz. Daí por diante, o rato metamorfoseado ficou seguro na companhia dos gatos. Estava feliz e só se aborrecia quando alguns dos antigos discípulos exclamavam: "Oh, eis aí o rato-gato glorificado do santo!"

De outra feita, quando o mesmo grupo de estudantes visitava o Mestre, o gato se viu ferozmente perseguido por cães selvagens e correu o mais que podia para junto dos pés do sábio, em busca de proteção. O sábio exclamou: "Estou cansado de salvar-te dos cães selvagens. Doravante, sê um deles!" Espantados, os estudantes viram a fuga assustada e perplexa da matilha, quando diante de seus olhos o rato-gato se transformou em cão. O rato-cão passou a conviver bem com os outros cães selvagens, brincando com eles e ingerindo a mesma comida, agora com um desdenhoso senso de superioridade.

Em outra ocasião, quando os estudantes recebiam lições do mestre, viram com susto um enorme tigre-de-bengala caçando o rato-cão, que correu a abrigar-se aos pés do sábio. Este, graças a seus poderes miraculosos, petrificou o tigre e exclamou: "Sr. Rato, não suporto mais proteger-te de teus inimigos dia e noite. Portanto, sê tigre".

Mal o santo dissera essas palavras e o rato-cão se transformou num tigre feroz. Os estudantes, livres do medo, riram com gosto e zombaram: "Aí está o tigre feroz do santo. Mas não passa de um rato glorificado".

Com o passar do tempo, os visitantes do retiro perceberam tudo: o tigre que rondava o local nada mais era que um rato promovido graças ao milagre do santo. Muitas vezes, os sarcásticos estudantes explicavam aos recém-chegados que ficavam com medo da fera: "Não vos assusteis. Este aí não é um tigre, é apenas um rato promovido a tigre pelo Mestre".

O rato-tigre se cansou das afrontas constantemente assacadas contra ele pelo povo. Pensou então: "Se eu matasse o santo, então a lembrança constante de minha desgraça como rato transformado desapareceria". Assim refletindo, o rato-tigre avançou contra o santo, para grande consternação de seus discípulos. Num instante, percebendo o motivo audacioso e ingrato de seu bichinho de estimação transformado, o santo ordenou em voz alta: "Sê rato novamente". E o tigre que rugia voltou a ser um insignificante ratinho que guinchava.

LEMBREM-SE, QUERIDOS AMIGOS: graças à força de vontade dada por Deus, vocês passarão de pequeninos ratos humanos, sempre guinchando de medo e fracasso, a valentes tigres empreendedores e poderosos. Mas não se esqueçam de que, se tentarem enfrentar a força divina, deixarão de ser tigres vencedores e voltarão a ser ratos fracassados. Portanto, nunca olvidem Deus quando cumprirem seus deveres, não importa quais sejam estes: bem no fundo da mente, entoem uma silenciosa canção devocional de amor ao Pai Celestial.

OS TRÊS DEUSES E O DEUS DOS DEUSES

Como uma onda que se ergue do seio do oceano, brinca por algum tempo sobre a superfície azul e, cansada, adormece de novo em seu regaço, assim a Criação, feita de incontáveis universos, nasce da matriz do espaço e joga o jogo planetário cósmico até que, exaurida, busca o sono na câmara do Vazio vivo.

Diz-se que a tempestade cria a onda, preserva sua forma e por fim a dissolve no seio do oceano. Seria muita petulância da onda julgar que ela própria se cria, se preserva e se dissolve sem a ajuda de nenhuma força externa.

Segundo uma velha história, três seres inteligentes emanaram de Deus: Brahma, o Criador de todas as coisas, Vishnu, o Preservador de todas as coisas, e Shiva, o Destruidor de todas as coisas. As ondas da Criação são erguidas por Brahma, sustentadas por Vishnu e dissolvidas por Shiva.

Era uma vez três deuses onipresentes que se materializaram como seres humanos para visitar a velha terra – o palco de suas atividades. Esses três deuses percorreram o mundo, observaram vastos impérios e multidões, e assistiram a seu nascimento, crescimento e morte. Então, constatando a magnitude de suas obras, encheram-se de orgulho e começaram a discutir sobre seus respectivos poderes. Brahma disse: "Amigos, contemplai as estrelas, sóis, luas, planetas, habitantes, vegetação e almas sábias que criei". Vishnu, incapaz de permanecer calado ao ouvir a fanfarrice do amigo, bradou: "Amigos, vede o poder de minha preservação. Todas as coisas foram criadas perfeitas, mas, se eu não as equilibrasse com os raios que emanam de mim, os mundos colidiriam e pereceriam, e os homens sucumbiriam sem alimento". Então Shiva, impaciente, pontificou: "Pois eu sou poderoso o bastante para dissolver tudo o que foi criado e preservado".

Os três deuses chegaram ao centro de uma bela campina, sentaram-se e gritaram em uníssono: "Somos maravilhosos! Somos os deuses supremos: o Criador, o Preservador e o Destruidor". Brahma disse então: "Eu, o incomparável, é que criei as belezas da natureza". Vishnu aparteou: "Mas sou eu quem lhes garante a permanência". Shiva concluiu: "E eu destruo a monotonia, a mesmice de todas as coisas dissolvendo-as na fornalha de meu ser e renovando-as para que tu, Brahma, possas de novo criá-las e moldá-las". E de novo os três deuses exclamaram a uma só voz: "Então, não somos maravilhosos?"

Enquanto assim se divertiam, uma criança de olhos negros surgiu repentinamente do éter, postou-se diante de Brahma e perguntou-lhe: "Quem és tu?" Sorrindo, Brahma respondeu: "Pois não sabes? Sou o Criador de tudo". A criança riu com escárnio e retrucou: "Está bem, sr. Brahma, procura lembrar-te de quando me criaste... se é que o fizeste!" Brahma vasculhou a memória de sua onisciência, mas, por fim, cansado, sentou-se em desespero e confessou: "Menino, tu deves ter sido criado por mim, mas não me lembro disso. Para ser franco... acho que não te criei".

Então o menino de olhos de lótus se virou para Vishnu e perguntou-lhe se ele preservava sua vida. "Sem dúvida que a preservo, mas também não me lembro disso", replicou Vishnu, o qual, após recorrer inutilmente à memória, se viu forçado a admitir que não preservava a vida do petulante garoto.

Em seguida, dirigindo-se a Shiva, o deus mais vaidoso e cheio de si, o menino o desafiou: "Shiva, és incapaz de matar-me, não importa o que faças". E Shiva, por mais que tentasse, teve de reconhecer que toda a sua força de vontade não bastava para destruir o menino.

Então, os três deuses perguntaram: "Menino atrevido, de onde vens?" Mas o menino apenas sorriu e lhes mostrou um fiapo de palha. Depois, dirigindo-se a Brahma, disse: "Ó poderoso, autonomeado Criador de universos, usa tua vontade e tenta criar, se conseguires, outro pedaço de palha igualzinho ao que agora vês". Brahma emitiu Energia Cósmica e esforçou-se até o esgotamento, sem conseguir criar outro pedaço igual de palha. Com gotas de suor escorrendo pelo rosto, o confuso Brahma se sentou, vencido e envergonhado.

Então, o menino disse: "Vishnu, tenta salvar este pedaço de palha que vou destruir". Dito isso, expeliu chamas e fumaça do corpo, incendiou a palha e ela desapareceu. Vishnu, com toda a sua capacidade de preservar as coisas, não pôde impedir que o pequeno fragmento fosse destruído.

Em seguida o garoto, com um olhar desafiador, olhou para Shiva, que se mostrava pouco à vontade, e falou: "Olha, eu trouxe de volta o fiapo de palha". E, com efeito, o fiapo reapareceu diante dos olhos dos deuses. O garoto, voltando-se para Shiva, disse: "Poderoso Shiva, Destruidor de todas as coisas, tenta destruir este fragmento de palha". Insultado e desafiado, Shiva abriu seu Olho Espiritual e expeliu uma torrente de fogo capaz de incendiar o mundo. Mas, por mais que espalhasse chamas, pondo a floresta e o espaço em fogo, não conseguiu sequer chamuscar o pedaço de palha.

Por fim, os deuses cerraram os olhos e baixaram a cabeça. Súbito, gritaram: "Menino brilhante e abençoado, quem és tu?"

Não obtendo resposta, os deuses abriram os olhos e viram o garoto se desvanecer no éter, dizendo mansamente: "Tereis de descobrir quem sou eu... eu, que habito em vós e em tudo o mais".

ESTA HISTÓRIA ILUSTRA que, não importa quão poderosa uma pessoa se torne, ela não deve esquecer sua inteira dependência da Fonte Cósmica da Vida: a Vida de todas as vidas, o Deus de todos os deuses.

Na história, os três deuses mais eminentes se tornaram mais sábios ao descobrir que seus poderes, na verdade, provinham da Suprema Excelência. Assim, antes que o orgulho cegue vocês e obstrua sua visão do Infinito, saibam que, embora sejam empresários bem-sucedidos, políticos de destaque, ditadores ou grandes reformadores, seu poder é mero reflexo do poder de Deus.

A humildade é a porta aberta pela qual o divino fluxo da piedade e da força gosta de correr para as almas dispostas a recebê-lo.

Novos
HORIZONTES

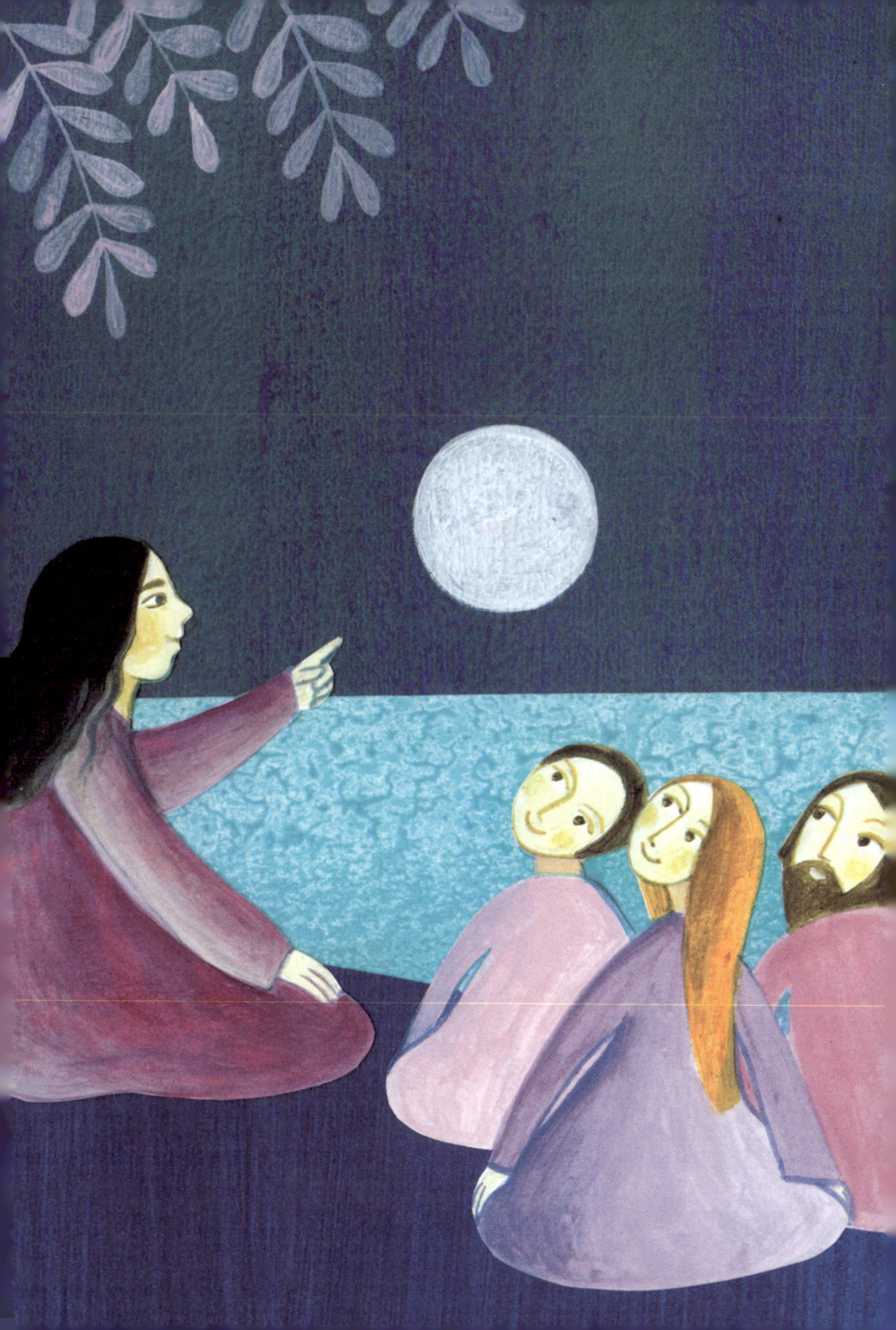

SEIS CEGOS E UM ELEFANTE

Certa vez, um condutor de elefantes ordenou a seus seis filhos cegos que lavassem o elefante da família. Os garotos ficaram muito orgulhosos com essa oportunidade que lhes era oferecida por seu bondoso pai e prestaram bastante atenção à experiência, enquanto trabalhavam. Cada um devia lavar uma parte do elefante e cada um, contentíssimo, julgou que sabia qual era a aparência desse animal.

Finda a tarefa, após uma hora, todos gritaram simultaneamente: "Sei tudo sobre o elefante!" O primeiro filho perguntou ao segundo: "E como ele é?" O interpelado, que lavara as ancas do animal, respondeu: "Ora, o elefante é como uma parede sólida".

O primeiro, que havia lavado a tromba, zombou: "Estás dizendo tolices. O elefante se parece com uma haste de bambu".

O terceiro filho, que lavara as orelhas, meteu-se na querela entre seus dois irmãos e, rindo, exclamou: "Sois uns loucos que nada sabem! O elefante é como duas grandes folhas de bananeira".

O quarto filho, que lavara as quatro patas do elefante, ao ouvir essas observações a seu ver absurdas, gritou: "Estais todos errados. É ridículo discutir assim sobre um assunto que nenhum de vós conhece. O elefante não passa de um teto grosso de carne sustentado por quatro pilares também de carne".

O quinto filho tinha lavado as presas do animal. Tomado de riso, interveio: "Grandes tolos que sois! Ouvi: declaro, com base em minha sólida experiência, que o elefante nada mais é que um par de ossos".

O sexto filho tinha lavado a cauda do animal. Rindo a mais não poder, bradou: "Estais loucos ou sob o efeito de uma alucinação. O elefante é uma corda que pende do Céu". (Esse sexto filho, o mais novo e menor, não conseguira alcançar o alto da cauda do elefante e por isso pensou que o elefante era uma "corda celestial", segura lá no alto pelos deuses.)

O pai, que ali perto cozinhava arroz para o elefante, ouvia divertido a discussão. Mas correu para junto dos filhos quando ela ameaçou desandar em briga. "Jovens tolos!", gritou a plenos pulmões. "Basta de discórdia. Ficai sabendo que *todos estão certos e todos estão errados.*"

Os seis filhos exclamaram a uma só voz: "Como pode ser isso?" E o pai retrucou: "Eu vejo o elefante inteiro e estais todos certos porque cada um descreveu uma das partes dele. Mas estais todos errados porque o elefante não é apenas um par de presas ou quatro patas ou uma tromba ou uma grossa parede de carne ou uma cauda. Ele é a soma de tudo isso. Uma cauda ou uma tromba, separadas do elefante, não podem ser chamadas de 'elefante'".

A HISTÓRIA ILUSTRA bem a condição das modernas religiões teóricas e dos "ismos". Muitas denominações religiosas são mais ou menos cegas, possuidoras apenas de um conhecimento parcial do elefante inteiro da Verdade. Por isso, quase sempre, fanáticos religiosos como os seis cegos se agridem, alegando conhecer a Verdade toda. Cada religião pensa que sua doutrina é a única que existe e ridiculariza outras doutrinas diferentes da sua.

Já é tempo de as pessoas curarem sua cegueira interior despertando a sabedoria crística dentro de si por meio da meditação, da fraternidade, da tolerância e da luz de sua autorrealização interior. Quando a cegueira da ignorância e do preconceito religioso for curada pela compreensão de Deus, o elefante inteiro da Verdade será percebido como a essência de todas as religiões. Então as guerras de religião e os preconceitos religiosos ou raciais cessarão: haverá uma só igreja, uma só fraternidade, uma só vereda científica para todas as denominações e um único Templo da Verdade em toda parte.

A DEVOTA QUE NÃO CONSEGUIA ENCONTRAR UM REFÚGIO

Nas montanhas do Himalaia, vivia recluso um santo de pronunciado senso prático chamado Ramaka. Era muitas vezes visitado por um homem rico e mundano, em aparência devoto, que fora um grande pecador, mas agora ostentava arrependimento e convivia com o santo sobretudo para encobrir seu passado e mostrar que estava se tornando religioso.

Depois de algum tempo, o hipócrita rico, fingindo profunda devoção ao santo, quis receber lições espirituais dele. Movido por esse desejo, o homem rico, em companhia da esposa e dois criados, pediu iniciação espiritual ao santo.

O santo, olhando para aquelas quatro pessoas que desejavam aprender com ele, dirigiu-se ao homem rico nestes termos: "Saudações, Homem Rico e teus acompanhantes. Devo informar que só aceito discípulos aprovados em meus testes espirituais".

O homem rico e os dois criados, cheios de entusiasmo, gritaram em uníssono: "É claro, faremos com gosto os testes e sem dúvida seremos aprovados". A esposa, muito humilde, permanecia em silêncio, pensando: "Que Deus recompense meus esforços para passar em teus testes".

De repente, o santo correu para o bananal e voltou com oito bananas. Deu duas a cada visitante – o marido, a esposa e os dois criados. Em seguida, disse: "Cada um de vós irá sozinho para um lugar retirado e comerá as bananas. Depois, voltará. Convém lembrar: se quiserdes passar em meus testes, não podereis ser vistos por ninguém comendo as frutas e devereis estar de volta no começo da noite".

O marido rico e arrogante, cheio de si e orgulhoso, escondeu-se no banheiro da casa de um amigo e, apressadamente, comeu até com a casca as bananas que levava no bolso e voltou para junto do santo. Disse então: "Honorável Senhor, está feito". O santo, sorrindo, observou: "É estranho que, em tão pouco tempo, tenhas encontrado um lugar oculto aos olhares de todos".

Os dois criados, após uma longa busca, embrenharam-se numa densa floresta e se esconderam em duas cavernas, onde comeram as bananas. Ao vê-los de volta, o santo exclamou: "Oh, então pensais mesmo que encontrastes os melhores esconderijos para comer as bananas sem ser secretamente observados por alguém! Como sabeis que ninguém vos espiava?"

Os criados responderam: "Não, Senhor, ninguém conseguiria ver nada na escuridão das cavernas que encontramos. Nem nós víamos as bananas que comíamos".

O santo sorriu enigmaticamente e replicou, em tom gentil: "Por isso mesmo. No escuro, não poderíeis saber se alguém vos espiava".

Por fim, ao cair da noite, a humilde esposa do homem rico voltou exausta e desiludida. Colocou as bananas diante do santo e murmurou: "Honorável Santo, lamento não passar em teu teste, pois o dia inteiro procurei um lugar secreto em recintos fechados e jardins silvestres da Natureza, em vales profundos, florestas, ravinas e cavernas escuras. Procurei até no templo secreto de minha mente, mas não achei um local onde pudesse comer as bananas sem ser vista. Nas campinas, um Ser Silencioso me espiava por entre as folhas da relva. Nos jardins de flores silvestres, Alguém me sorria entre os lábios abertos das pétalas, zombando de meus esforços infrutíferos para encontrar um local secreto. Nos vales e ravinas, os pescoços de rocha dos altos picos se inclinavam, como para me olhar. Por fim, desesperada, entrei nas escuras cavernas das montanhas e tentei comer as bananas, mas ali também pressenti uma Presença Invisível.

"Pareceu-me então ouvir Alguém rindo e dizendo: 'Sou a Luz que brilha até nas trevas mais densas e no seio profundo da montanha'. Ignorei a voz, mas, ao tentar comer as bananas, a escuridão estremeceu e lançou um raio de luz sobre a fruta em minha mão. Fechei os olhos e me preparei mentalmente para comer as bananas ser dar atenção à Luz que as iluminava. Súbito, percebi que meus pensamentos despertavam no templo escuro de minha mente e pareciam recriminar-me: 'Olha, não podes comê-las em segredo. Todos te olhamos e nosso Pai Supremo, que nos criou, está sempre conosco, invisível mas observando-nos o tempo todo. Não penses que encontrarás jamais um lugar onde Ele não viva, um lugar imune a Seu Olhar Penetrante onde possas secretamente comer bananas'. Desisti então. E agora, Santo Homem, eis-me a teus pés, incapaz de passar no teste".

O santo, com olhos brilhantes, falou por fim: "Sagrada Senhora, só tu, com humildade e calma, entendeste de fato a finalidade do meu teste. Passaste nele de maneira honrosa e admirável". Voltando-se para o marido orgulhoso e seus criados, declarou: "Vede, ela é vosso guru-preceptor. Aprendei com suas lições. Este é o primeiro ensinamento que vos dou".

O BARQUEIRO E O FILÓSOFO

Há muitos e muitos anos, um filósofo hindu, com profundo conhecimento teórico das quatro grandes Bíblias do Hinduísmo, queria atravessar o rio Ganges, na Índia. Esse rio, embora quase sempre turvo, é chamado de Rio Sagrado porque suas águas são benéficas para os banhistas e porque os santos da Índia costumam sentar-se às suas margens, à sombra das figueiras, para meditar sobre o Infinito.

Um barqueiro solitário transportava o filósofo hindu para a outra margem do rio Ganges em seu barco a remo. No trajeto, o orgulhoso sábio, conhecedor das quatro grandes Bíblias do Hinduísmo, não tendo no momento o que fazer, decidiu exibir um pouco de sua sapiência ao barqueiro. Perguntou-lhe então: "Barqueiro, estudaste a Primeira Bíblia do Hinduísmo?" O barqueiro respondeu: "Não, Senhor, não sei nada sobre esse livro". O filósofo hindu, dando-se ares de sabedoria, observou com comiseração:

"Senhor Barqueiro, lamento informar-te que perdeste 25 por cento de tua vida". O barqueiro engoliu o insulto e continuou remando em silêncio. Quando o barco estava a certa distância da margem do Ganges, o filósofo hindu, com os olhos faiscando de sabedoria profana, exclamou em altos brados: "Senhor Barqueiro, devo perguntar-te uma coisa. Estudaste a Segunda Bíblia do Hinduísmo?" Isso despertou o barqueiro, que respondeu: "Meu Senhor, digo-te de uma vez por todas que nada sei sobre a Segunda Bíblia do Hinduísmo". O filósofo hindu, divertido, declarou friamente: "Senhor Barqueiro, lamento informar-te que perdeste 50 por cento de tua vida".

Irritado, o homem se concentrou nas remadas. Agora o barco estava no meio do rio e o vento começava a soprar forte quando, pela terceira vez, o filósofo hindu perguntou, com os olhos brilhantes de superioridade: "Senhor Barqueiro, estudaste a Terceira Bíblia do Hinduísmo?" Dessa vez o barqueiro, mal contendo a ira, esbravejou: "Senhor Filósofo, é uma pena que não encontres ninguém mais em quem impingir tua sabedoria. Digo-te de uma vez por todas que não sei nada sobre as Bíblias Hindus".

O filósofo, gozando seu triunfo e com um simulacro de sabedoria na voz, declarou irrefletidamente: "Senhor Barqueiro, lamento informar-te que perdeste 75 por cento de tua vida". O barqueiro resmungou um pouco, mas acabou ignorando as palavras daquele filósofo irritante.

Dez minutos se passaram quando, de súbito, um demônio da tempestade rasgou o véu das nuvens e caiu sobre as águas do Ganges, fustigando raivosamente suas ondas. O barco sacudia-se como uma folha na corrente tumultuosa. O filósofo começou a tremer de medo. O barqueiro, com um sorriso de tranquilidade na face, se voltou para o filósofo hindu e perguntou-lhe: "Senhor Filósofo, fizeste-me várias perguntas. Posso fazer-te uma?" Recebendo resposta afirmativa, prosseguiu: "Senhor Filósofo Hindu, versado nas Quatro Bíblias do Hinduísmo, disseste que 75 de minha vida estavam perdidos. Agora pergunto: sabes nadar?"

O filósofo, todo trêmulo, murmurou: "Não, não sei". Então o barqueiro, rindo com vitoriosa indiferença, replicou: "Senhor Filósofo Hindu, versado nas Quatro Bíblias do Hinduísmo, lamento informar-te que daqui a pouco perderás 100 por cento de tua vida".

Nesse exato momento, como para cumprir a profecia do barqueiro, uma furiosa rajada de tempestade virou o barco e afogou o filósofo. O barqueiro, com braçadas vigorosas, venceu as ondas e chegou em segurança à margem do Ganges.

MORAL DESTA HISTÓRIA: não importa quão próspero e poderoso você seja, caso ignore a arte do bom comportamento e da vida correta, se afogará no mar das dificuldades. Entretanto, se conhecer a arte de atravessar nadando o rio tumultuoso da vida, mediante as ações certas na hora certa, então, com braçadas vigorosas ou força de vontade, passará em todas as provas da existência e alcançará a margem da satisfação completa.

O SACERDOTE QUE PULOU NO POÇO

Era uma vez um sacerdote intolerante, de barba grisalha e expressão dura, que possuía um templo. Intransigentemente dogmático, fora assim treinado por seu mestre arrogante, já falecido. Depois de adquirir o próspero templo de Sabramati, atribuiu toda a sua sorte à graça do antigo mestre e jurou adestrar seus discípulos numa disciplina férrea, que não admitia desobediência.

Diariamente fazia discursos aos frequentadores do templo com voz retumbante e induzia-os a obedecer-lhe. Recorrendo aos poderes de sua imaginação, retratava as chamas do Inferno consumindo os desobedientes e rebeldes espirituais. Ignorante que era, não admitia ser questionado em suas crenças e ensinamentos. Não gostava de discípulos inteligentes, pois sentia que seu dogma se derretia como manteiga ante a chama daquelas mentes brilhantes. Como esses discípulos vissem claramente sua alma estéril, o mestre os chamava de infiéis.

De alguma maneira, conseguia atrair multidões distribuindo generosamente comidas e doces a todos os membros de sua congregação. Os inteligentes iam lá mais para comer do que para ouvir os sermões agressivos do sacerdote. Os ignorantes, dando asas às emoções e revelando grande apetite, ficavam satisfeitos quando matavam a fome com mantimentos doados pelo sacerdote. O sacerdote tosco tinha magnetismo suficiente para atrair um grupo de iletrados fanáticos que sempre concordavam com ele, não hesitando em atirar pedras dogmáticas contra os sábios e em sepultar no silêncio da morte quaisquer indícios de lucidez.

Aos poucos, o sacerdote foi se tornando o líder orgulhoso de um bando de idiotas que só sabiam repetir o que ele dizia. Certa vez, seus estudantes perguntaram: "Honorável Sacerdote, poderias ensinar-nos o modo certo de orar e o método infalível para fazer contato com Deus?"

O sacerdote, ciente de que suas palavras não seriam postas em dúvida por aqueles seguidores cegos e submissos, respondeu: "Meus filhos leais e amados pelo Céu, isso é fácil. Vou ensinar-vos a orar e a entrar em contato com Deus, desde que façais exatamente o que eu fizer quando começar a falar".

"Hosana, Aleluia! Que o Céu abençoe nosso grande sacerdote-mestre. Juramos solenemente fazer exatamente o que fizeres, até o dia do Juízo, se te dignares a nos ensinar".

O sacerdote concordou: "Está bem, filhos, segui-me ao templo e sentai-vos à minha volta para fazer exatamente o que eu fizer". O sacerdote sentou-se numa almofada, no meio do templo, então parcamente iluminado pelo sol da manhã. Os estudantes, intoxicados de dogmas e cheios de devoção, acomodaram-se em volta dele, prontos a imitar o mestre-sacerdote.

O sacerdote recomendou: "Sentai-vos eretos". Os duzentos devotos repetiram: "Sentai-vos eretos". O mestre, ante essa inesperada exibição de idiotice, olhou ao redor; os discípulos fizeram o mesmo. Aborrecido, o mestre-sacerdote endireitou-se, furioso, cerrou os olhos e orou: "Ó Espírito, ó Senhor benigno!" Os discípulos se endireitaram também e gritaram em uníssono: "Ó Espírito, ó Senhor benigno!"

O sacerdote exclamou de novo: "Senhor benigno do universo, abençoa-nos com o conhecimento que nos permitirá obedecer tacitamente a nosso mestre". Os estudantes, com devoção cada vez maior, repetiram essas palavras. O sacerdote notou uma leve brisa que entrava por uma janela do templo, e experimentou uma sensação desagradável e irritante na garganta. Antes que pudesse dizer mais uma palavra, começou a tossir. Os discípulos tossiram também. O mestre mal se continha diante do comportamento ridículo de seus alunos, resultado de um treinamento precário – e, quando tossia e espirrava, eles espirravam e tossiam com o maior estardalhaço. O mestre, pálido de raiva, gritou: "Calai-vos, idiotas! Chega de tossir, chega de me imitar!" E os discípulos retrucaram a uma só voz: "Calai-vos, idiotas! Chega de tossir, chega de me imitar!"

O sacerdote, agora rubro de cólera, levantou-se e bradou o mais alto que pôde: "Essa idiotice ultrajante deve acabar agora!" Os incomparáveis duzentos melhores produtos de seu ensino levantaram-se e bradaram: "Essa idiotice ultrajante deve acabar agora!"

O sacerdote, desesperado e completamente fora de si, esqueceu a dignidade de sua posição e aplicou uma sonora bofetada em um dos alunos. Os duzentos imbecis imitaram-no e começaram a esbofetear-se entre si, sem que o próprio mestre ficasse de fora, até que seus rostos começassem a inchar e a avermelhar como fogo.

O sacerdote, em agonia, com o corpo ardendo devido às bofetadas sem fim, correu para fora do templo, gritando: "Água! Água!" Os discípulos o seguiram, gritando também: "Água! Água!", enquanto continuavam a trocar sopapos.

O sacerdote-mestre, sem ver outra maneira de escapar, pulou no poço para refrescar o corpo e o rosto. Pode-se adivinhar o que aconteceu em seguida. Os duzentos discípulos dogmáticos pularam no poço por cima do mestre... que cumpriu sua promessa, pois todos foram juntos para o Céu. O templo e a cidade onde este se situava ficaram livres de 201 tolos que sonhavam com as delícias do Paraíso.

ESTA HISTÓRIA MOSTRA que pessoas dogmáticas, infladas de teologia e adeptas de crenças vagas, acabarão afogadas no mesmo poço de ignorância, como cegos seguindo um cego. Discípulos ignorantes não devem se agarrar a mestres espirituais ignorantes, já que assim se arrastarão uns aos outros para as profundezas da estupidez.

O Sacerdote que Pulou no Poço

Se você corre o risco de se afogar no poço da infelicidade, esbofeteado pela própria ignorância e pelas ideias tolas que lhe foram impingidas, acorde! É preciso analisar a influência de sua mente inconsciente, propensa a imitações e que o tortura com uma infinidade de maus hábitos. Você deve saber que os hábitos inconscientes são como bandos de jovens idiotas sempre prontos a imitar o sacerdote do julgamento errôneo. Se sua mente consciente se tornar dogmática e irracional, como o sacerdote da história, então sua mente subconsciente agirá da mesma maneira.

O SANTO QUE DESCEU AO INFERNO POR DIZER A VERDADE

Um santo de pureza angelical, que vivia numa floresta, costumava sentar-se à sombra de uma árvore frondosa para mergulhar em meditação profunda. Aos primeiros raios da aurora, despertava seu espírito e o oferecia a Deus. Certa manhã, quando as gotas de orvalho se despediam da relva, o santo, satisfeito com a meditação que acabara de fazer, ouviu som de passos se aproximando rapidamente dele.

Muito calmo, nem se deu o trabalho de olhar à volta para descobrir a origem do ruído. Mas em poucos minutos um homem, com o rosto transtornado de medo, parou por um instante à sua frente e implorou-lhe: "Honorável Santo, amante supremo da Verdade e das boas ações, por favor, não reveles aos bandidos que me perseguem meu esconderijo na árvore sob a qual estás ou eles me matarão". Dito isso, o assustado homem subiu rapidamente pelo tronco e se ocultou entre as folhas protetoras da copa.

O santo permaneceu calado, sem dizer sim ou não ao pedido do fugitivo, que naturalmente tomou esse silêncio por consentimento e supôs que um homem tão virtuoso jamais o trairia, pois isso significaria sua morte.

Contudo, enquanto o fugitivo permanecia escondido, o santo começou a lutar consigo mesmo para decidir o que deveria dizer de acordo com as Escrituras, pois fazia questão de segui-las ao pé da letra. Pensou: "As Escrituras proíbem contar mentiras, portanto não direi, se questionado pelos perseguidores, que ignoro o paradeiro do fugitivo. Não, prefiro cortar a língua do que mentir".

Depois, refletiu sobre o desespero do perseguido e as consequências que lhe adviriam caso falasse a verdade. Hesitando entre mentir e provocar um assassinato se não mentisse, o santo finalmente decidiu: "Se os bandidos me questionarem, vou dizer que conheço o paradeiro do fugitivo, mas não o revelarei. Eles que façam o que quiserem". Assim pensando, preparou-se para enfrentar a difícil situação.

Por fim, apareceram os bandidos. Seu chefe, com expressão feroz, vendo que o santo era o único homem por ali, grunhiu: "Senhor Anjo, não te molestarei caso nos reveles o esconderijo daquele que perseguimos".

O santo pensou que, se ficasse em silêncio, o bandido deixaria de questioná-lo, mas o plano não deu certo: o malfeitor queria uma resposta e começou a espancá-lo. Como a surra nada conseguisse, o chefe sacou da espada e brandiu-a diante do santo, dando-lhe cinco minutos para se decidir. Depois disso, seu corpo permaneceria para sempre sob a árvore, mas sem a cabeça.

Um violento conflito se instalou na mente do santo e, ao fim de cinco minutos, ele replicou: "Sei onde ele está, mas não te direi".

"Muito bem", vociferou o bandido. "A surra e o brilho da lâmina te fizeram quebrar o silêncio. E agora vais me contar a verdade." Dizendo isso, cortou uma das mãos do santo e propôs-lhe: "Vou te dar mais cinco minutos. Se não me contares a verdade, tua cabeça rolará pelo chão numa poça de sangue".

O santo começou então a procurar pistas nas Escrituras sobre o que deveria fazer e se lembrou de uma passagem: "Protege acima de tudo teu próprio eu, pois isso é o mais importante. Primeiro, vive para realizar tua mais alta ambição, que é encontrar Deus. Se morreres por não dizer a verdade (quando deverias dizê-la), não passas de um tolo". Assim, ao final dos cinco minutos, quando o chefe dos bandidos se preparava para lhe decepar a cabeça, o santo levantou o dedo, mostrando o esconderijo do procurado.

Imediatamente um dos bandidos subiu na árvore e arrancou de lá o infeliz, a quem fez em pedaços diante dos olhos do santo. Enquanto estava sendo assassinado, a vítima gritou para aquele que o delatara: "Senhor Santo, vais conhecer o Inferno por causa disso". Mas o santo achava ter feito a coisa certa ao salvar a própria alma, mais importante e mais evoluída que a do homem assassinado. Não deu ouvidos, pois, à maldição do moribundo, considerando-a vazia e inadequada a ele, que apenas obedecera à Verdade.

Anos depois, quando o santo entregou lucidamente seu invólucro carnal ao êxtase da Consciência Cósmica, seu corpo astral chegou ao Reino do Céu. Sem demora Yama, o guardião do Inferno, foi ter com ele no Paraíso e disse-lhe que, antes de obter a permissão final do Espírito Supremo para viver lá, ele deveria conhecer o terrível Inferno.

Alarmado, o santo reclamou: "Honorável Yama, isso é ultrajante. Vivi uma vida ética com perfeição matemática, avaliando cada ato do ponto de vista da Verdade, que sempre segui agindo com fidelidade e justiça. Por isso, sei que não mereço a punição de visitar o Inferno nem mesmo por um curtíssimo tempo".

O grande Yama replicou: "Honorável Santo, sem dúvida todos os teus atos, com exceção de um, foram justos. Dizes ter agido sempre segundo a Verdade e a Justiça. Foste muito tolo por permitir que te cortassem uma das mãos e decepassem a cabeça de um homem quando apenas afirmaste um fato. Creio que não sabes bem a diferença entre Justiça e Verdade, de um lado, e afirmação de um fato, de outro. Uma ação justa e veraz sempre resulta no bem, ao passo que tua afirmação de um fato, provocando grande dano para ti e para o homem, nada teve de justo ou verdadeiro.

"Por que não apontaste o dedo para a direção errada na floresta, salvando assim a ti mesmo e ao fugitivo? Faltar com a verdade teria sido menos grave que o horrível pecado de ser o instrumento, a ajuda e o fator decisivo da morte de um inocente que buscou tua proteção e confiou em ti. Ficando em silêncio, induziste o homem escondido a pensar que o defenderias; mas, para te salvares, tu o traíste e o privaste da oportunidade de procurar outro refúgio ignorado por ti".

Yama continuou: "Honorável Santo, fica doravante sabendo que uma ação verdadeira sempre dá resultados verdadeiros e bons. É diferente da afirmação de um fato, que pode produzir o bem ou o mal. Convém preferir a ação que resulte no bem à afirmação de um fato que resulte num grande dano. Chamar um aleijado de 'Senhor Aleijado' ou um cego de 'Senhor Cego' é a afirmação de um fato, que nem por isso deixa de ser imprópria, injusta e incapaz de produzir um bem; mas dizer

'Senhor Perfeito', 'Senhor Forte' ou 'Homem de Visão Espiritual' a um aleijado, fraco ou cego é a afirmação confiável, eficaz e, portanto, verdadeira de um fato. Segue a Verdade de preferência à afirmação de um fato cru, que pode ferir a ti mesmo e aos outros".

CONFORME NOS MOSTRA esta história, mesmo não acreditando no Inferno, o homem deve saber que a Terra e sua própria mente desorientada podem ser mais quentes que o Inferno – ou mais agradáveis que o Céu, caso ele siga o caminho da honestidade.

O SANTO QUE COMIA FOGO

Sananda era um grande santo que percorria as planícies sagradas da Índia com um grupo heterogêneo de discípulos. Algumas pessoas iluminadas preferem permanecer num só lugar o tempo todo, meditando aos pés do Lótus do Infinito, para não se distrair com deslocamentos contínuos. Outros santos sustentam que é espiritualmente necessário deixar cada alojamento depois de três dias no máximo, a fim de evitar o veneno insidioso do apego. A mente se parece com um mata-borrão: absorve as cores do ambiente com o qual entra em contato.

Sananda era do segundo tipo, acostumado a viajar de cá para lá e dependendo para sua subsistência das esmolas do povo. Na América, pastores contam com salários ou ofertas espontâneas; na Índia, os santos recebem em geral alimento, roupas e abrigo. Na Índia, qualquer pessoa religiosa considera um privilégio acolher em sua casa um santo verdadeiro e seus discípulos.

Nos tempos antigos, o anfitrião hindu comia carne e oferecia-a aos hóspedes, principalmente os mais importantes. Depois, a carne foi banida devido à ideia de que a vaca faz as vezes de mãe para os órfãos, dando-lhes leite, e de que o consumo desse alimento perturba as vibrações astrais e espirituais do corpo humano.

Um dia, Sananda, acompanhado por quarenta discípulos, chegou à casa de um rico fazendeiro que praticava a boa hospitalidade. Segundo o costume então vigente, um bezerro foi abatido especialmente para a satisfação do santo. Naqueles dias, os hóspedes eram chamados de *gognah*, que significa "pessoas para as quais se mata um bezerro". Sananda aceitou a carne, mas proibiu os discípulos de comê-la. Explicou que estavam em treinamento, aprendendo a controlar suas paixões e apetites, devendo por isso subsistir apenas com frutas, ervas e legumes. Sustentava que comer carne não era bom para as pessoas de pouca moral e mentalmente fracas; já a dieta vegetariana tinha um efeito calmante sobre os noviços descontrolados, sujeitos a emoções.

Sananda devorou a refeição e pediu mais, ante os olhos exasperados e invejosos dos discípulos. Em seguida, ordenou que eles pegassem seus pequenos alforjes, amarrados a hastes de bambu para serem carregados aos ombros, e reiniciassem a caminhada de mais uns dez quilômetros. O mestre tomou a dianteira e, ao longo de toda a jornada tediosa, pedia aos discípulos que apressassem o passo, pois queria chegar à aldeia mais próxima antes do crepúsculo. Sentindo a vibração rebelde de um dos discípulos, chamado Markat, que era uma mistura de Tomé e Judas, o santo conclamou os discípulos a fazer com que a força da mente predominasse sobre o corpo e o cansaço, durante a marcha batida sob o ardente sol dos trópicos.

Mal o santo acabara sua exortação e o discípulo perverso, Markat, sussurrou para os colegas que o rodeavam: "Vede nosso mestre e ouvi sua fala fortalecida pela carne. Não admira que caminhe tão rápido, pois comeu duas vezes. E nós? Nós, pobres-diabos, vamos apenas com a energia do suco das frutas, que já devem ter se evaporado sob os raios impiedosos do sol".

Sananda, que era muito evoluído espiritualmente e sabia tudo, percebeu de imediato, graças à sua intuição, que as palavras do mau discípulo estavam gerando descontentamento e dúvida no grupo. Assim, voltou até onde estava Markat e, diante dos outros discípulos descontentes, disse como que por acaso: "Caro Markat, gostarias de comer o que *eu como*? Conseguirias digerir minha comida?" O discípulo, achando que o mestre iria lhe oferecer nacos de carne, respondeu com toda a segurança: "Honorável Senhor, dá-me um pouco de teu alimento e verás como o digerirei rapidamente com o fogo de minhas entranhas".

Quando os quarenta discípulos chegaram ao fim de sua jornada de oitenta quilômetros, o mestre lhes pediu em tom casual que se aproximassem de uma grande fornalha onde um ferreiro moldava e aparava pregos aquecidos ao rubro. No outro lado, um grande bezerro estava sendo assado. O santo, bem recebido pelo ferreiro, disse: "Bem, meus filhos, sentai-vos em círculo à volta do fogo antes de entrar na aldeia, pois vou lhes oferecer uma comida muito fortificante, que por longo tempo vos impedi de saborear. Mas, antes que vos convide a todos para comer, quero que Markat se sente ao meu lado, pois ele me garantiu que digeriria tudo o que *eu* comesse."

O faminto Markat, mal cabendo em si de entusiasmo ante a perspectiva de um bom assado, correu a sentar-se junto do mestre. Este logo estendeu a mão para o monte de brasas e pregos incandescentes e começou a engoli-los o mais rápido que podia, como se ingerisse pedaços de carne. Enquanto fazia isso com muita calma, disse sorrindo, mas com firmeza, a Markat: "Vamos lá, cumpre tua promessa e come o que estou comendo. Depois, veremos se consegues digeri-lo ou não".

O discípulo Markat, mortificado, a face descaída de vergonha, ajoelhou-se aos pés do mestre e, com sinceridade, pediu perdão.

ESTA HISTÓRIA ENSINA que o discípulo deve seguir, confiante, a disciplina a ele imposta por um verdadeiro Mestre. Duvidar dos motivos do Mestre apenas retarda o progresso do discípulo. A obediência mecânica ou voluntária a um mestre espiritualmente cego não tem valor algum, pois transforma o discípulo ignorante em autômato; mas a obediência voluntária a um Mestre sábio conduz à liberdade.

A RÃ DO POÇO E A RÃ DO MAR

Era uma vez uma rã que vivia no mar, gozando sua liberdade na vasta extensão das águas e em praias sem fim. Quando saía de sua gigantesca morada aquática, estirava-se nas areias prateadas sob a luminosa tepidez do sol. Muitas vezes, enquanto se aquecia alegremente na praia, escutava o coaxar de centenas de outras rãs vindo de um poço nas vizinhanças.

Certo dia, instigada de curiosidade, renunciou ao descanso na praia e aproximou-se da borda do poço para espiar suas irmãs. Mal avistaram a cabeça da rã do mar na abertura, todas as que se apinhavam no fundo começaram a coaxar em uníssono, enviando-lhe, na língua dos batráquios, uma saudação que significava: "Olá, pobre irmã sem-teto, pula aqui dentro e goza a hospitalidade de nossa espaçosa residência!" A rã do mar esboçou um sorriso e abanou a cabeça, recusando gentilmente o convite e dizendo: "Fica para outra vez. Agora não, irmãs".

No caminho de volta, ela quase sufocou de riso ao recordar as palavras da senhora Fanfarrona, a líder de visão estreita das rãs: "Goza a hospitalidade de nossa espaçosa residência!" Apiedou-se da ignorância da líder e lamentou ver aquelas rãs vivendo como sardinhas num buraco tão apertado. Disse então para si mesma: "Talvez essa seja uma oportunidade para eu praticar o bem. Vejamos se poderei tirá-las do aperto e levá-las para minha casa confortável". Assim pensando, a rã do mar voltou ao poço. A líder saudou-a de novo.

Todavia, ao saltar no poço, a rã do oceano caiu acidentalmente sobre as costas de uma irmã, em vez de cair na água, pois o local estava tão congestionado que as costas das rãs cobriam cada centímetro da superfície visível da água. A senhora Fanfarrona, líder do poço, veio saltando por cima de algumas escravas e cumprimentou a visitante.

Depois de entreter a augusta convidada com petiscos especiais de vermes, perguntou-lhe: "Minha amiga, de onde vens?"

"De um lugar muito grande, chamado mar", respondeu a outra.

"Por que nos vens honrar com tua visita?", foi a pergunta seguinte.

A rã do mar explicou: "Minha intenção é vos levar a todas para minha casa, onde não morrereis sufocadas e vivereis em liberdade e segurança".

A isso a orgulhosa líder replicou: "Mas qual é o tamanho de teu mar?" E, saltando a distância de meio metro para o lado do poço, continuou: "Teu mar é grande assim?"

A convidada, com um ligeiro sorriso nos lábios, contestou: "Não, minha amiga, ele é bem maior que isso".

A rã do poço, com um riso seco, saltou um metro e perguntou: "É grande assim?"

A rã do mar, sorrindo como nunca, insistiu: "Não, minha amiga, é bem maior que isso".

Então a líder saltou para o meio do poço e perguntou, irritada: "É grande *assim*?"

A rã do mar, rindo com gosto, respondeu novamente: "Não, minha amiga, é bem maior que isso".

A pobre moradora do buraco, retesando os músculos com raiva, pulou de um lado para o outro do poço e indagou: "Será que teu mar é grande assim?"

A rã do mar, que agora mal continha as gargalhadas, respondeu confiante, com um ar de absoluta superioridade: "Não, minha amiga, meu mar é maior que bilhões e bilhões de poços como o teu".

Então a rã do poço, tomada de uma fúria que sem dúvida a faria estourar caso aumentasse um pouco mais, gritou com incontida insolência: "Impostora, vaidade encarnada, isso é impossível! Nada poderia ser maior do que nosso imenso poço!"

Após horas de disputa na língua das rãs, a do mar persuadiu a do poço a visitar sua casa com as demais. A rã do poço, depois de contemplar a vastidão do oceano, curvou-se diante da outra e exclamou: "Grande irmã, de fato tua mansão aquática é bem maior do que poderíamos imaginar. Jamais descobriríamos isso se permanecêssemos em nosso pequeno confinamento. Apenas comparando a exiguidade do poço com a imensidão do mar é que tivemos a grande sorte de compreender a pequenez de nossa morada". As duas se apertaram as mãos e todas passaram a viver no mar, felizes para sempre.

ESTA HISTÓRIA mostra que pessoas mundanas vivem no poço apertado da felicidade dos sentidos, reclamando e pedindo mais espaço para a paz. O homem materialista não entende as experiências do homem espiritualizado, que comunga com Deus e flutua no mar da bem-aventurança. Quem está preso à terra e aos sentidos constata as limitações de sua pobre felicidade apenas quando projeta sua consciência no oceano da Bênção, que só é alcançado pela meditação.

Pule para fora do poço das limitações e mergulhe no mar profundo da Sabedoria e da Bênção infinitas, cujas ondas rodeiam as margens de seu silêncio interior, polvilhadas dos incontáveis grãos de areia dos pensamentos pacificados.

Atitudes
VITORIOSAS

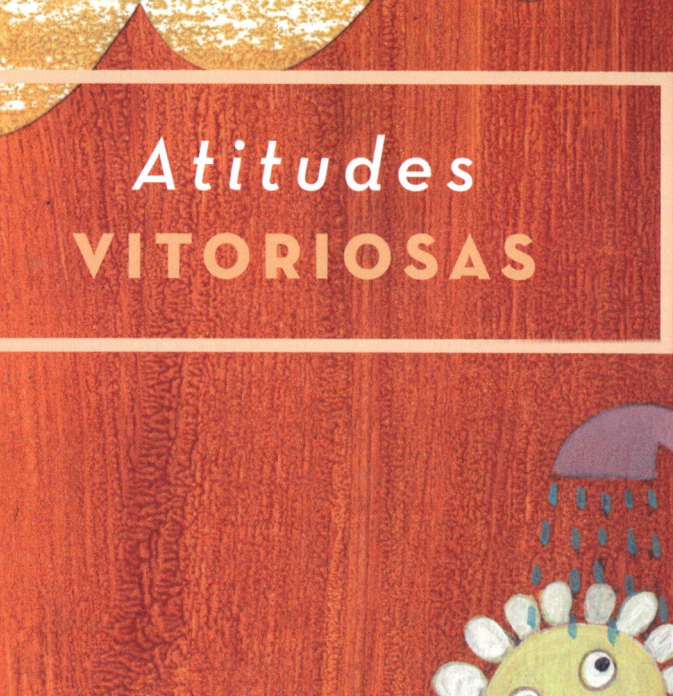

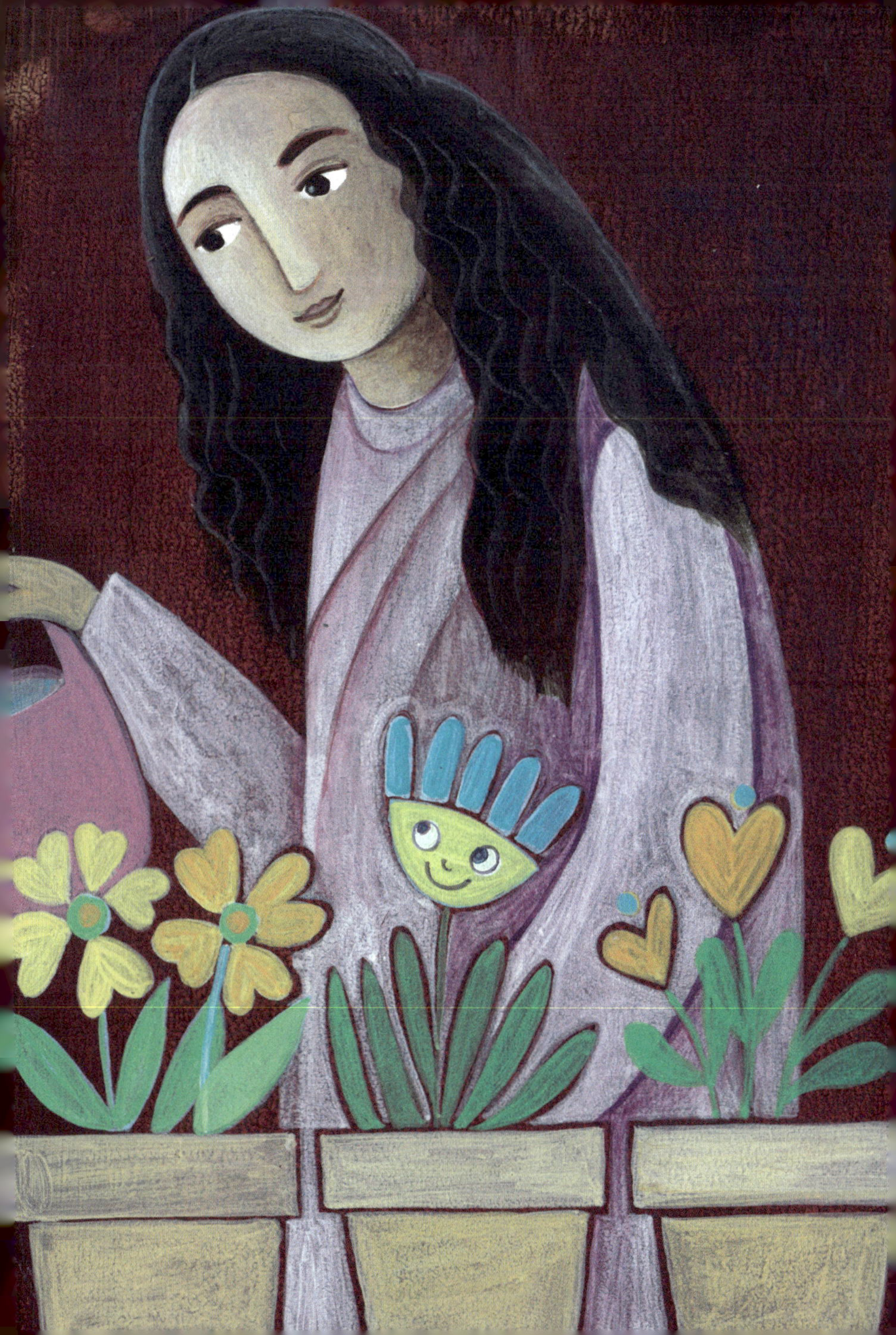

O SANTO E A SERPENTE

Há muito tempo, perto de uma rocha nas vizinhanças de uma aldeia, vivia uma serpente venenosa. Esse réptil havia tirado a vida de várias crianças com suas presas mortais e todas as tentativas dos aldeões para matá-la fracassaram. Assim, como último recurso, eles procuraram seu homem santo, que morava num ponto afastado da aldeia, e pediram: "Mestre, usa teus poderes espirituais para impedir que a serpente continue sua obra maléfica de assassinar nossos filhos". O santo concordou em atender ao pedido.

Dirigiu-se ao local onde a serpente se enfurnava e, pela força magnética do Amor Divino, induziu-a a sair. Em seguida, ordenou: "Senhora Serpente, deixa de picar e matar meu querido povo da aldeia. Pratica a não violência". Baixando humildemente seu capelo, ela prometeu não mais fazê-lo.

O santo, logo depois, saiu em peregrinação. Depois de um ano, voltando para a aldeia, passou pela rocha onde a serpente vivia e quis saber se ela cumprira a promessa. Para seu espanto, viu-a jazendo numa poça de sangue, com feridas severas no dorso. Indagada sobre o que lhe acontecera, a serpente replicou com voz débil: "Santo Preceptor, tenho sete feridas no dorso por causa de teus ensinamentos. Quando as crianças da aldeia descobriram que eu era inofensiva, passaram a me apedrejar sempre que eu saía em busca de alimento. Eu corria para minha toca, mas ainda assim recebi sete pedradas na espinha. Mestre, a princípio as crianças fugiam ao ver-me, mas agora, devido a teus ensinamentos sobre não violência, eu é que tenho de fugir delas".

O mestre hindu acariciou o dorso da serpente e curou-a, enquanto a recriminava com doçura: "Tola que és! Eu te pedi que não picasses; mas por que não continuaste silvando?"

LEMBRE-SE: quando amigos ou estranhos quiserem explorá-lo, não fraqueje, mas também não os machuque com seu veneno; mantenha-os simplesmente a distância com palavras firmes.

BUDA E A CORTESÃ

Os discípulos de Buda presenciaram um curioso incidente que, por algum tempo, deixou-os intrigados quanto ao caráter do Mestre. Todos eles, à semelhança do Senhor Buda, tinham feito voto de celibato e renúncia ao amor carnal pelo sexo oposto. No entanto, quando o grande Buda e seus discípulos descansavam à sombra fresca de uma árvore, uma cortesã, atraída pela brilhante formosura do corpo e do rosto de Buda, aproximou-se dele. Tão logo viu a face celestial do Senhor Buda, ela se apaixonou por ele e, no êxtase de um amor incontrolável, correu em sua direção de braços abertos, estreitou-o ao peito e beijou-o, exclamando: "Ó Ser Belo e Refulgente, eu te amo!"

Os discípulos celibatários ficaram perplexos ao ouvir Buda dizer à cortesã: "Querida, eu também te amo. Mas não me toques; não ainda".

A cortesã replicou: "Chamas-me querida e eu te amo, então por que me impedes de tocar-te?"

O grande Buda respondeu: "Repito, minha querida, eu vou te tocar, mas não agora. Mais tarde, provarei o amor que tenho por ti". Os discípulos ficaram extremamente chocados e pensaram que o Mestre se enamorara da cortesã.

Anos depois, Buda meditava com eles quando, subitamente, anunciou: "Devo ir. Minha amada, a cortesã, me chama. Precisa de mim no momento e devo cumprir a promessa que lhe fiz". Os discípulos se atropelaram para seguir o Mestre Buda, que parecia loucamente apaixonado pela cortesã e corria a seu encontro. Eles seguiam o Mestre com a vaga esperança de subtraí-lo à tentadora.

O grande Buda, acompanhado por seus discípulos inquietos, chegou à mesma árvore onde haviam encontrado a cortesã. E o que viram? O belo corpo da cortesã estendido no chão, coberto de pústulas putrefatas e malcheirosas. Os discípulos, enojados, permaneceram a distância, mas o mestre Buda colocou o corpo decomposto no colo e sussurrou em seu ouvido: "Querida, vim para te provar o meu amor e cumprir a promessa de tocar-te. Esperei um longo tempo para demonstrar meu amor sincero, pois amo-te quando ninguém mais te ama, toco-te quando os falsos amigos não mais querem tocar-te". Dizendo isso, Buda curou a cortesã e convidou-a a juntar-se à sua família de discípulos.

O AMOR PESSOAL é limitador, egoísta, e pensa na própria satisfação ao custo de tudo o mais. O amor divino é desprendido e busca a felicidade da criatura amada, não sendo nem limitado nem parcial. Deus ama igualmente o bom e o mau, pois todos são Seus filhos; e quem aspira a conhecê-Lo deve provar-Lhe que seu amor é como o amor divino. Quando uma alma prova ao Pai Celestial que ama seus irmãos bons e maus da mesma maneira, então Ele diz: "Meu nobre filho, aceito teu amor porque amas a todos como Eu amo".

Amar quem nos ama é natural; mas amar quem não nos ama é sobrenatural, a prova de que vemos Deus em Tudo.

O ESQUILO SANTO

Não parece possível que nós, feitos à imagem imortal de Deus, deixemos de existir após a morte. E não conseguimos aceitar que seres imperfeitos possam, ao morrer, fundir-se imediatamente no ser de Deus. É razoável pensar que, se morrermos em estado de imperfeição, teremos de renascer na terra para lavar todos os nossos erros antes de nos unir à imagem perfeita de Deus.

Sem dúvida, raramente os seres humanos reencarnam em animais. Isso seria involução em vez de evolução. Em raros casos, sucede que a pessoa cuja vida foi grosseira, bestial, passe para o corpo de um animal a fim de aprender alguma lição. Isso explica os cães ou cavalos "racionais" que tanto impressionam os cientistas.

Esta história, porém, se baseia num princípio totalmente diferente. Diz-se que um grande santo ou Mestre evoluído pode, por vontade própria, assumir a forma de um animal em uma ou mais encarnações. A fim de provar que Deus é onipresente, alguns santos trabalharam por intermédio não apenas de homens, mas também de animais inferiores, do mesmo modo que a eletricidade pode atuar tanto num corpo humano quanto numa máquina. Deus é responsável pela vida de homens, animais e átomos; santos que se tornam um com Ele demonstram que também podem operar por meio de corpos de criaturas humanas, animais e átomos. Isso foi mostrado por Jesus, quando insuflou sua vida onipresente no cadáver de Lázaro. Jesus mostrou ainda que podia extrair a Energia Vital ao secar a figueira. Provou assim que era capaz de dar ou tirar a Energia Vital segundo sua vontade. E, como controlava os átomos, alimentou inúmeras pessoas com alguns pães. São Francisco de Assis também tinha poder sobre os animais, pois os pássaros obedeciam às suas ordens, ouviam seus sermões e voavam em formação de cruz. Um lobo perverso se tornou inofensivo, esquecendo seus hábitos carnívoros, graças à influência divina do santo que, dotado de consciência onipresente, despertou o Deus adormecido na fera e transformou sua natureza.

Portanto, assim como consegue influenciar corpos de animais, o santo pode se introduzir, ou reencarnar, em qualquer tipo de corpo. As Escrituras e a literatura da Índia contêm inúmeras histórias dessas encarnações. Espero, pois, que o leitor entenda o assunto dessa narrativa sobre a reencarnação de um dos santos indianos no corpo de uma mãe esquilo. Vivendo em reclusão, ele amava a tal ponto filhotes de esquilo que quis reencarnar como uma mãe esquilo para realmente dedicar sua afeição maternal àqueles pequeninos indefesos. Fez isso, segundo a história, e com sua ninhada passou a viver no alto de uma árvore, junto ao mar. Os devotos logo perceberam que aquele não era um esquilo comum e que seu corpo felpudo alojava uma grande alma, reencarnada assim para demonstrar a vontade de Deus mesmo no corpo de um animal. Desse modo, muita gente ficou sabendo sobre aquela estranha mãe esquilo, constando que quem lhe desse comida se tornaria próspero ou se curaria de qualquer doença que tivesse.

Certa vez, quando a santa mãe esquilo se afastara da praia para procurar alimento, uma tempestade caiu sobre o oceano e levantou ondas violentas, que empurraram a árvore e os filhotes para longe. A mãe amorosa, ao voltar, viu a obra tenebrosa do oceano e ordenou-lhe: "Oceano, devolve meus filhos ou eu te destruirei". Como o oceano não lhe desse ouvidos, ela foi vista, dia e noite por uma semana, mergulhando sua cauda peluda na água e esfregando-a na areia. Notando essa atividade contínua, bizarra e determinada, um Anjo de Deus apareceu e disse-lhe: "Santa mãe esquilo, de todas as coisas estranhas, tua ação de mergulhar a cauda no oceano e esfregá-la na areia é a mais estranha. Conta-me o motivo de tua curiosa atividade". A mãe esquilo respondeu: "Anjo Celeste, o oceano audacioso tragou meus filhotes quando eu estava ausente e não ouviu meu pedido para devolvê-los. Então, decidi secá-lo". O anjo riu e zombou: "Mãe esquilo, dentro de mais uma semana não terás um pelo sequer na cauda para tentar secar o oceano!" Mas o minúsculo animal, com a determinação da Eternidade estampada em seu rosto, replicou: "Por um bilhão de anos ou mais renascerei como esquilo e me crescerão caudas suficientes para secar o oceano". Isso dizendo, retomou sua estranha atividade.

Uma semana depois, os pelos de sua cauda quase haviam desaparecido, mas mesmo assim a mãe esquilo não havia interrompido o trabalho. Com efeito, a vontade dinâmica, em consonância com a Vontade Divina aperfeiçoada em encarnações anteriores, preparara a mãe esquilo para prosseguir enquanto o mundo fosse mundo. O Anjo de Deus voltou e, cruzando as mãos, disse: "Santa mãe esquilo, tua vontade é lei. Deixa de punir o oceano e eu te devolverei os filhotes".

Só então a mãe esquilo parou.

SE MÉTODOS MORTAIS de alcançar a felicidade não deram resultado, não desanime, mas recorra à determinação divina até então adormecida e que tudo pode. Você descobrirá assim que as leis de Deus lhe darão a felicidade com que sempre sonhou.

KALAHA E A CENOURA MÁGICA

Há tempos, vivia na Índia uma mulher com franca disposição para a desavença. Chamava-se Kalaha, que na língua bengali significa "querela". Ela não só discutia com qualquer um ao menor pretexto como não tolerava ver uma boa ação.

Com o passar do tempo, essa tendência se acentuou e Kalaha passou a praticar más ações. Por fim, quando o fardo dos pecados ficou pesado demais, sua vida se consumiu e o Anjo da Morte retirou-a da matéria. Seu corpo astral começou a descer a espiral das trevas e chegou à região mais profunda da escuridão infernal: o chão sulfuroso do Inferno. Aflita e amedrontada, ela implorou misericórdia quando o Anjo da Morte se preparou para deixá-la naquele lugar horrível, onde as sombras pecadoras vivem em tortura e desespero.

Atraído pelo choro e a barulheira da anciã perversa, Yama, o Anjo da Morte, voltou e perguntou-lhe: "Podes lembrar alguma boa ação que praticaste durante tua passagem terrena, para eu ter ao menos um motivo de te tirar deste lugar tenebroso, onde acabaste por causa de teus erros voluntários?"

A mulher má refletiu por alguns momentos e, depois de uma longa busca, gritou: "Oh, sim, Majestade, lembro-me de uma boa ação que pratiquei! Certa vez eu ia comer um maço de cenouras quando percebi, numa delas, um verme; então, dei-a a outra pessoa, à condição de que comesse só a parte intacta e jogasse fora o resto, sem matar o bichinho".

"Isso vai ajudar", replicou Yama, o Anjo da Morte. Estendeu a mão e a cenoura veio flutuando no ar em direção à pecadora. Yama continuou: "Mulher perversa, segura essa cenoura com força e dependura-te nela. Se não a soltares, irás para o Paraíso".

A mulher segurou precipitadamente a cenoura e começou a subir para o Céu. Vendo isso, outro pecador se agarrou à sua perna, um segundo se agarrou à do primeiro, e assim por diante, até que uma corrente de cem pecadores ficou suspensa da perna da mulher. A cenoura mágica, com a mulher e os cem pecadores, a um sinal do Anjo da Morte começou a subir para o céu com a rapidez de um foguete.

A mulher má não cabia em si de contente por se livrar com tanta facilidade das mãos da justiça do além; mas, ao perceber que lhe puxavam a perna, olhou para baixo e viu que a corrente de pecadores voava para o Paraíso junto com ela. Isso despertou sua cólera, pois não lhe agradava a ideia de alguém mais conquistar os favores do Anjo da Morte. Assim, furiosa, bradou: "Ó pecadores indignos, largai minha perna já! Como ousais subir ao Céu em minha cenoura mágica?"

Mal os outros pecadores se soltaram, ela própria despencou velozmente pelo espaço, indo cair de novo no chão do Inferno. Mas os pecadores, que haviam confiado até numa grande pecadora, acharam a cenoura, que caiu nas mãos do primeiro, e a corrente subiu até chegar às portas imortais do Paraíso.

A MORAL DESTA HISTÓRIA é que mesmo um pequeno ato de bondade pode ser uma fina tábua de salvação em meio ao golfo traiçoeiro do pecado. Aquele, porém, que bebe o vinho do egoísmo e dança dentro do barco exíguo da maldade afunda no oceano da ignorância. A felicidade egoísta, que não zela pelo bem-estar alheio nem pode suportá-lo, logo se transforma em desgraça.

O PESCADOR E O SACERDOTE HINDU

Na Índia antiga, em uma aldeia à margem do rio Ganges, vivia um pescador que vendia peixes aos seus concidadãos. O sacerdote local sempre comprava alguns a crédito e nunca pagava o que devia. Quando a conta ficou muito alta, o pescador, depois de diversas tentativas, conseguiu parar o esquivo sacerdote e pressionou-o assim:

"Santidade, por que me evitas? Por que não me ensinas a andar sobre a água, para eu ir com facilidade até os lugares onde nadam grandes cardumes e apanhá-los na rede? Prometo-te que, se me fizeres esse favor, perdoarei tua dívida e ainda te darei um peixe gordo de graça".

O sacerdote, incrédulo e querendo se livrar do importuno (que julgava louco), sussurrou ao ouvido do atento e ingênuo pescador: "Filho, só o que tens a fazer é escrever na palma de tua mão a palavra sagrada 'Om' três vezes. Assim, estarás pronto para caminhar sobre o rio Ganges e ir aonde quiseres para apanhar teus peixes".

Vários dias se passaram até que o pescador conseguisse parar de novo o arisco sacerdote. Disse-lhe então: "Tenho te procurado para te dar um peixe e cancelar tua dívida. Tudo aconteceu como me ensinaste".

Espantado, o cético sacerdote exclamou: "O que fizeste para apanhar um peixe tão grande?"

"Bem, senhor, fiz conforme disseste e todos os dias apanho um grande número de peixes. Sim, Santidade, isso foi possível devido à tua graça e técnica espiritual."

Meio incrédulo e sentindo-se um pouco ridículo, o sacerdote pediu: "Bem, então quero ver como andas sobre a água".

O pescador pegou o sacerdote pelo braço. A palavra sagrada "Om" estava gravada três vezes nas palmas de suas duas mãos. Tranquilamente, com grande fé em Deus, o pescador tomou o sacerdote pela mão e pôs-se a andar sobre a água do sagrado rio Ganges – levando consigo o sacerdote! Mas este, dali a pouco, temendo se afogar e repuxando o manto para que não se molhasse, começou a afundar e gritou: "Olha, pescador, estou me afogando!"

"Bem, Santidade, não podes caminhar sobre a água e, ao mesmo tempo, ficar com medo e tentar impedir que tua roupa se molhe. Vê como eu me mantenho confiantemente à superfície." Isso dizendo, o pescador conduziu o trêmulo sacerdote de volta à margem e ali o deixou para que meditasse sobre sua fraqueza e falta de fé em Deus.

JESUS DISSE: "Se tiveres fé e disseres à montanha 'Salta ao mar', ela saltará".

Você, porém, não deve esperar que a montanha lhe obedeça se lhe pedir com voz tímida e hesitante: "Senhora Montanha, por favor, mergulha nas profundezas do oceano. Como sabes, não acho isso possível, mas estou apenas repetindo o que Jesus disse".

Os milagres são apenas a atuação de leis superiores e podem ser realizados normalmente quando a pessoa está a par da relação científica entre matéria e mente. Jesus caminhou sobre as águas e salvou o cético Pedro, que afundava.

Mas lembre-se, não tente dificultar as coisas a menos que conheça o verdadeiro método de realizar o milagre da fé e da força de vontade. Não tente andar sobre a água. Apure sua fé primeiro, a fim de resolver pequenas dificuldades, pois assim conseguirá desatar os nós górdios dos problemas mais complicados da vida.

Essa história mostra que a pessoa deve conhecer a técnica espiritual, além de ter fé e entrega absoluta a Deus, se quiser realizar Seus milagres.

O HOMEM QUE VIROU BÚFALO

Na encosta de uma montanha da Índia, com vista para um magnífico vale florido, existia um retiro acolhedor. Este era na verdade uma caverna, escavada na encosta da montanha. Morava ali um grande Mestre com um discípulo devoto. Quando a aurora banía a escuridão da face das colinas, estas rebrilhavam com o sorriso das flores multicoloridas. O Mestre e o discípulo entoavam cânticos ao sol nascente – que lhes lembrava o despertar da sabedoria após o longo sono da ignorância. Eles sorriam quando a Natureza sorria após o silêncio da noite.

Quando a aurora ainda pairava sobre o vale, o Mestre pedia ao discípulo que se sentasse ereto na perfeita postura de meditação e ouvisse atentamente seus ensinamentos. Assim, todos os dias, o discípulo absorvia com avidez as lições que brotavam dos lábios do Mestre.

Certa vez, porém, o Mestre notou que seu jovem discípulo estava distraído e inquieto. Disse-lhe então: "Filho, hoje tua mente está distanciada de minhas palavras, parecendo que vagueia sobre os montes, longe daqui. Explica-me, por favor, o motivo dessa ausência". O discípulo replicou respeitosamente: "Honorável Mestre, hoje não consigo me concentrar em tua lição, pois não cesso de pensar no novo búfalo domado que está pastando a relva verde do vale".

O guru, em vez de recriminar o discípulo, pediu-lhe calmamente que se retirasse para a câmara do silêncio, perto da porta, e pensasse apenas no búfalo. Passou-se um dia e, na manhã seguinte, o mestre olhou pela pequena janela da câmara do silêncio. O discípulo ainda meditava sobre o búfalo. O Mestre lhe perguntou: "Filho, o que estás fazendo?"

"Senhor, estou levando o búfalo para o pasto. Devo voltar para junto de ti?", perguntou o discípulo.

O Mestre respondeu: "Não, filho, ainda não; continua levando teu búfalo para o pasto". Passou-se outro dia e, na terceira manhã, o mestre olhou de novo pela janela da câmara do silêncio e indagou: "Querido filho, o que estás fazendo?" O discípulo, em estado de êxtase, respondeu: "Divino Mestre, alimento o búfalo aqui em meu quarto. Devo voltar para junto de ti com ele?"

O Mestre respondeu: "Ainda não, meu filho. Continua com tua visão do búfalo e alimenta-o". Outros dois dias se passaram na meditação e na visualização do búfalo; no quinto dia, de novo o guru olhou pela janela da câmara do silêncio, onde o discípulo se achava sozinho, em êxtase profundo. "Filho, o que estás fazendo agora?"

O discípulo mugiu, imitando a voz do animal: "Como assim? Sou o búfalo, não teu filho". A isso o Mestre replicou, sorrindo: "Tudo bem, senhor Búfalo, convém agora que saias da câmara do silêncio".

Mas o discípulo não queria sair. "Como poderei passar por essa porta estreita?", resmungou. "Meus chifres são muito longos, meu corpo é muito grande."

Então o Mestre entrou na câmara e tirou o "búfalo" de seu transe. O discípulo riu ao ver-se andando de quatro, tentando imitar o objeto de sua meditação. Depois de um leve repasto, foi ouvir as palavras do Mestre. A muitas perguntas profundas e espirituais, respondeu corretamente, como nunca antes. Por fim, o guru observou: "Agora, tua concentração atingiu o grau perfeito, pois tu e tua mente podem ser uma coisa só com o objeto de estudo".

POR QUE VOCÊ não tenta se tornar doravante uma coisa só com o objeto de sua concentração? Pratique o tempo todo. Quer pense num grande empresário e sua habilidade ou em Deus, pense profundamente, concentre-se profundamente até sentir que se tornou o empresário ou Um com Deus.

CONSCIÊNCIA DE MACACO

Tej Bahadur, um jovem empresário indiano, esforçava-se bastante e gastava boa parte de seu dinheiro arduamente conseguido para ir a Londres e concluir suas transações comerciais. Ansiava por aperfeiçoar a arte da economia, mas, por mais que cortasse despesas, nunca ficava satisfeito e ruminava esquemas fantásticos para não gastar. Embora fosse rico, imaginou certa vez ir a Londres trabalhando como marinheiro, para não pagar a passagem. Pensou também em inventar hidraviões econômicos a fim de viajar sem grandes gastos.

Tej Bahadur muitas vezes se entregava a fantasias malucas e perguntava-se por que Deus não o fizera rápido como a eletricidade, que atravessa grandes extensões num piscar de olhos. Enquanto lamentava não ser veloz como o raio, um amigo, que sabia de seus estranhos planos de economia, apareceu correndo e disse-lhe, excitado: "Tej Bahadur, vai até a margem do rio Ganges. Encontrei ali um homem que levita e anda sobre a água! Está ansioso para ensinar o método a um discípulo sério". Tej Bahadur ouviu atentamente e, muito impressionado com essa nova ideia, pensou: "Dou graças a Deus por me enviar um Mestre que levita. Se eu lhe pedir que me ensine essa arte, não gastarei tanto dinheiro em minhas viagens anuais de negócios à Europa". Encaminhou-se então para a margem do rio, onde o Mestre estava provisoriamente acampado. O empresário lhe disse que desejava aprender a arte da levitação e o Mestre, concordando, começou a ensiná-lo.

Disse-lhe em tom cordial: "Filho, toda noite diminui a luz em teu quarto, fecha as portas e senta-te ereto numa cadeira de espaldar reto, voltado para o Oriente. De olhos fechados, canta mentalmente a palavra sagrada da Vibração Cósmica, 'Om', por uma hora. Assim, ao final de um mês, estarás apto a correr sobre as águas". O empresário agradeceu e já ia sair, encantado com a extrema simplicidade da lição, quando o Mestre o chamou de volta e acrescentou: "Filho, esqueci-me de te dizer uma coisa sobre a técnica da levitação. Enquanto estiveres mentalmente cantando 'Om' e concentrado, cuida para não pensares num macaco".

"Isso é simples", disse o empresário. "Sem dúvida, não pensarei em macaco nenhum." Despediu-se do santo e voltou para casa. A noite chegou rápida nas asas do tempo e encontrou Tej Bahadur fechando as janelas, descendo as persianas e sentando-se numa cadeira de espaldar reto, em seu quarto, para praticar a técnica da levitação. Tão logo começou, o primeiro pensamento que lhe ocorreu como um raio foi: "Não devo pensar num macaco".

Dois minutos se passaram e várias vezes ele se impôs a necessidade "de não pensar num macaco". Decorridos dez minutos, já havia pensado em todas as raças de símios da América do Sul, Índia, África, Sumatra e outros lugares. Estava furioso. Forçou-se a banir os pensamentos sobre macacos, que numa constante procissão lhe entravam pela janela da mente indefesa. Ao cabo de uma hora, só pensava em macacos. Nos dias seguintes voltou a meditar contritamente, mas, para seu grande aborrecimento, viu-se tentando, em desespero, não pensar em milhões de macacos que saltavam dentro de sua mente.

Depois de se concentrar durante um mês nos bichos proibidos, o empresário, fora de si de desespero e fúria incontida, correu para o Mestre e gritou: "Mestre, devolvo-te o que me disseste sobre levitação. Não quero mais aprender a andar sobre a água. Ensinaste-me a meditar sobre macacos, não a levitar. O que fizeste foi desenvolver e agigantar em mim a consciência de macaco".

O santo riu gostosamente e aconselhou-o num tom suave, que lembrava o orvalho: "Filho, procurei demonstrar que teu estado mental de consciência está destreinado e insubmisso. Se nao forçares a mente a te obedecer, não alcançarás nenhum sucesso, para não falar na arte difícil da levitação. Primeiro, tenta obter o controle mental e depois usa esse poder para conseguir coisas pequenas. Depois, arrisca-te a empreendimentos cada vez maiores, até a força interior ser capaz de levitar-te ou realizar milagres espirituais ainda maiores".

A RÃ GRANDE E A RÃ PEQUENA

Duas rãs, uma grande e gorda, a outra pequena e magra, caíram num balde de leite. Espernearam horas e horas, tentando sair, mas não conseguiram porque o interior do balde era escorregadio.

A rã grande, exausta, desabafou: "Irmã pequena, vou desistir e me deixar morrer".

A rã pequena pensou: "Desistir é morrer; continuarei esperneando". Duas horas se passaram e as perninhas da rã pequena já não aguentavam mais; entretanto, quando ela olhou para a amiga morta, balançou a cabeça e repetiu: "Se eu desistir, morrerei também; continuarei tentando sair daqui até morrer, se esse for meu destino, mas não desistirei porque, enquanto há vida, há esperança".

Assim, cheia de determinação, a pequena rã continuou agitando as perninhas. Pouco depois, quando sentiu que ia ficando paralisada, que era o fim e que logo se afogaria, percebeu de repente, embaixo do corpo, uma massa firme. Para sua grande alegria, descobriu que era uma massa de manteiga, formada por seus movimentos incessantes. E a rãzinha, com júbilo incontido, saltou do balde de leite para a liberdade.

A HISTÓRIA nos lembra que estamos todos num balde escorregadio de leite, tentando escapar de nossas tribulações e desarmonias como as duas rãs. Muitas pessoas desistem e sucumbem como a rã grande; mas, para vencer, devemos perseverar em nossa decisão de atingir um alvo, como fez a rã pequena. Então, aproveitaremos as oportunidades com nossa força de vontade inquebrantável, orientada por Deus, e saltaremos do balde de leite do fracasso para a vastidão do êxito eterno.

Não desistir é desenvolver a força de vontade para vencer em tudo o que empreendermos.

Quem tem **DEUS** *tem* **TUDO**

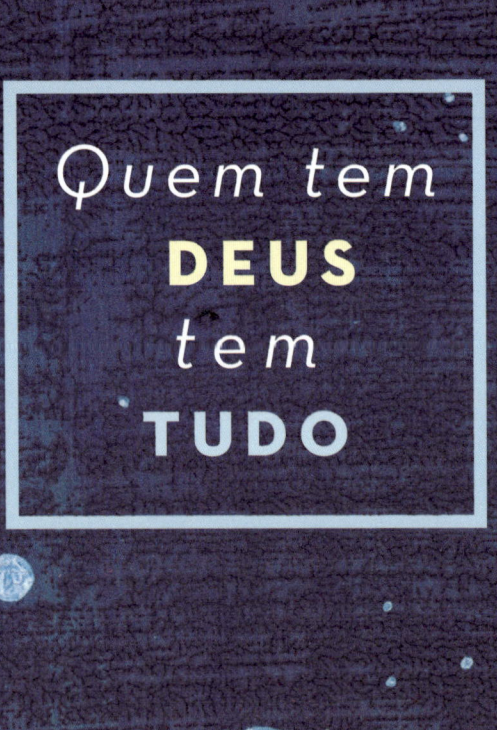

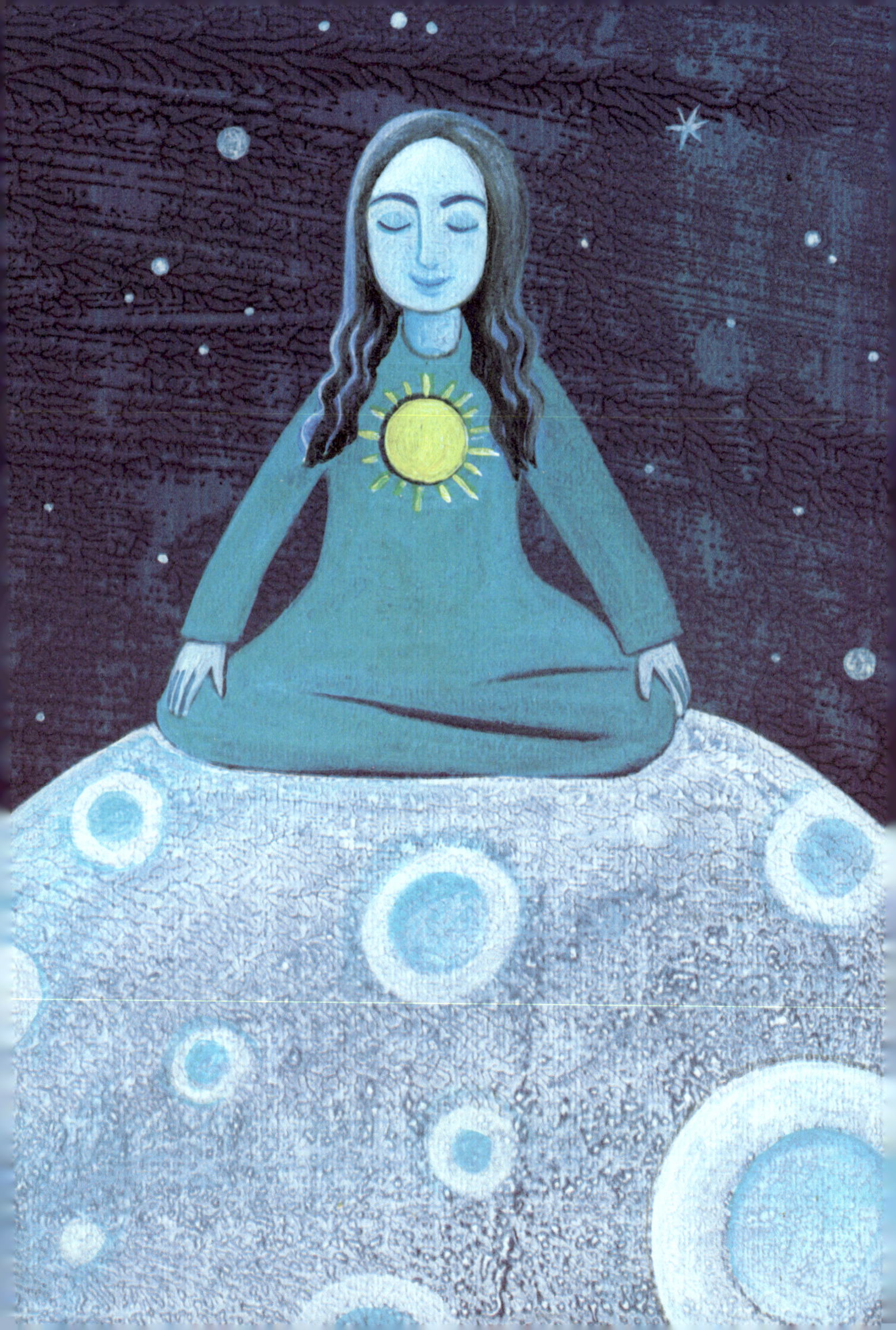

A PEDRA FILOSOFAL

Um príncipe orgulhoso, com sua grande comitiva tocando trompas e clarins, penetrou numa selva do Hindustão para caçar. Depois de abater muitas aves, javalis selvagens, cervos velozes e tigres cruéis, o príncipe e seu imenso grupo se perderam no ventre escuro da selva. Eles tinham comida, mas não água. Procuraram-na galopando freneticamente pela mata, mas não encontraram uma gota sequer.

Enquanto a terrível noite tropical se aproximava, com seus perigos sinistros, o príncipe e seu cortejo cavalgavam desesperadamente em busca de abrigo. Por fim, no momento em que o sol desaparecia silenciosamente, o príncipe avistou uma velha cabana em ruínas. Movido por um tênue raio de esperança, empurrou a porta destrancada e entrou. Estava tudo escuro, exceto por um filete de luz que se filtrava por uma fresta do telhado.

Olhando à volta, o príncipe viu a fresta no telhado da cabana e se desesperou à ideia nada reconfortante de que o local estivesse deserto. E já ia saindo quando lhe ocorreu chamar em voz alta. Esperando, contra toda esperança, que alguém aparecesse, gritou: "Olá, alguém em casa?" Para sua surpresa, ouviu uma resposta em voz calma, firme e pacífica: "Estou aqui. Queres água?" O príncipe ficou surpreso: aquele Ser parecia adivinhar seus pensamentos antes mesmo de encontrá-lo ou conhecê-lo.

O príncipe e seu séquito ficaram muito felizes por receber água e frutas do homem santo que vivia naquele retiro extremamente isolado da selva. O príncipe perguntou ao idoso anfitrião: "Quem és?" "Bem, sou apenas um pobre eremita", respondeu o velho. "Não tens medo de tigres e cobras?", o príncipe perguntou. "Oh, não, os tigres são meus gatinhos e as cobras são meus animais de estimação. Eles e eu somos amigos, sempre nos aquecendo ao sol do Amor que está em toda parte".

Olhando para o eremita, o príncipe se espantou ao ver duas cobras penduradas em seu pescoço, formando uma espécie de guirlanda; mas, quando se aproximou para examinar melhor as cobras, elas silvaram e ergueram a cabeça provida de capelo, prontas para expressar sua ira ante a aproximação de uma vibração má, pois sentiam o medo e o espírito vingativo ocultos no peito do príncipe.

Logo depois, os seguidores do príncipe entraram em pânico quando um enorme tigre-de-bengala apareceu na cabana e, calmamente, estirou-se aos pés do eremita para, em seguida, esgueirar-se lentamente em direção ao bosque escuro, depois de receber sua quota de carícias do ancião.

Ainda mais espantado, o orgulhoso príncipe pensou: "Este velho eremita parece ser bom e gentil; salvou nossas vidas da sede e de animais selvagens, por isso quero torná-lo rico e próspero". Com tais pensamentos em mente, disse ao eremita: "Ancião, teu rosto irradia bondade e sinceridade. Agradeço tudo o que fizeste por mim e te contarei um segredo para ficares rico, um segredo que revelarei pela primeira vez, só para ti". Assim dizendo, o príncipe tirou uma Pedra Filosofal das dobras do manto e continuou: "Vou te confiar esta Pedra Filosofal de família por um ano, para que possas ficar rico usando-a. Ela foi dada ao meu pai por um grande alquimista místico e tem o poder de converter em ouro qualquer coisa que tocar. Usa-a todos os dias a fim de transformar pedras e rochas em ouro por um ano inteiro e construir um palácio dourado aqui. Findo esse prazo, voltarei para te fazer uma visita e reaver minha preciosa Pedra Filosofal, que valorizo mais do que minha própria vida. Mas, pelos céus, não a percas".

O eremita não queria assumir tamanha responsabilidade, mas por fim consentiu em ficar com a pedra, ante a insistência do príncipe. Este viu o ancião guardá-la despreocupadamente sob a camisa. (Muitas pessoas na Índia carregam seu dinheiro dessa maneira, por causa dos gatunos.)

O príncipe foi embora e, depois de um ano, voltou com sua comitiva para visitar o eremita, esperando vê-lo instalado num palácio. E ficou horrorizado ao se deparar com a mesma cabana, mas em estado ainda pior de conservação. Desceu do cavalo, entrou correndo pela porta aberta da cabana e gritou: "Ei, eremita, estás vivo?" Uma voz profunda e sonora respondeu: "Oh, sim, príncipe. Bem-vindo ao meu humilde lar".

O príncipe gritou, sem nenhuma cerimônia: "Qual é o problema contigo? O que fizeste com minha Pedra Filosofal? Por que não a usaste para ficar rico?" O eremita coçou a cabeça e respondeu: "De que pedra estás falando? Eu não quero ser rico". O príncipe, mal se contendo de raiva e assombro, perguntou: "Não te lembras da Pedra Filosofal que guardaste sob a camisa um ano atrás? O que fizeste com ela?"

"Oh, sim, agora me lembro daquela pedra tão preciosa para ti! Eu meditava profundamente sobre o Espírito e fui me banhar no rio; então, ela deve ter caído na água."

Ao ouvir isso, o príncipe, gritou: "Perdi tudo!" e desmaiou. O eremita o trouxe de volta à consciência borrifando água em seu rosto. A comitiva do príncipe exigiu a morte do "eremita ladrão descuidado", como o chamavam. O eremita riu e disse: "Homem com cabeça de hidra, eu ignorava que farias tanto barulho por uma pedra. Vem comigo até o rio e deixa-me procurá-la".

O príncipe replicou desdenhosamente: "Vais procurar uma pedra arrastada pelas correntes velozes do rio há um ano?" O eremita, sem dar mostras de medo, ordenou em voz alta: "Jovem príncipe e todos vós, vamos até lá. Não façais mais barulho até que tenhamos vasculhado o leito do rio".

Sob o feitiço de um estranho magnetismo, o príncipe e sua comitiva, sem dizer palavra, seguiram o eremita até o rio. Então, o eremita pediu ao príncipe para tirar seu lenço, segurar os quatro cantos, mergulhá-lo nas águas do rio e gritar: "Ó Príncipe do Universo, criador de todas as pedras preciosas, devolve minha Pedra Filosofal". Quando o príncipe tirou o lenço da água, viu duas Pedras Filosofais exatamente iguais às que ele havia perdido. Com olhos incrédulos, saiu da água e descobriu, testando as pedras, que cada uma podia transformar outras pedras em ouro.

O príncipe então amarrou as duas Pedras Filosofais no lenço e as jogou de volta no rio. O eremita e a comitiva gritaram: "Ei, ei, por que fizeste isso?" O príncipe virou-se para o santo, caiu a seus pés com as mãos postas e disse: "Honorável Santo, eu quero ter o que *tu* tens, sabendo que consideras as Pedras Filosofais como seixos inúteis."

Assim, o príncipe deixou seu reino material para adquirir o imperecível Reino do Espírito.

ESTA HISTÓRIA mostra que as riquezas terrenas, não importa quão valiosas pareçam, são perecíveis e ficam para trás depois que o corpo morre. Em vez de desperdiçar seu tempo usando habilidades empresariais para transformar pedras em ouro e adquirir riquezas efêmeras, você deveria ser como o eremita, que possuía as riquezas imperecíveis de Deus. Estando com Deus, você será mais rico do que jamais sonhou e, se necessário, jogará fora milhões de dinheiro terrestre como se fossem seixos, a fim de adquirir as riquezas imorredouras do Espírito.

O REI JANAKA E O PALÁCIO EM CHAMAS

Há muito tempo vivia um grande sábio chamado Vyasa, autor da maior Escritura hindu, o Bhagavad Gita. Valendo-se de seu grande poder, ele invocou uma alma santa para ocupar o minúsculo corpo do bebê que sua esposa carregava no ventre e ensinou ao feto o segredo das Escrituras através da mente subconsciente da mãe. Esse bebê, quando nasceu, foi chamado de Sukdeva. Por causa do treinamento recebido enquanto ainda estava no ventre materno, revelou-se uma criança incomum. Com 7 anos de idade, já versado em todas as difíceis Escrituras hindus, estava pronto para renunciar ao mundo e sair à procura de um verdadeiro mestre.

Na Índia, é costume consultar mestres até encontrar o escolhido por Deus. O noviço, movido por impulsos sadios, recebe lições de várias fontes; mas, quando seu ardor espiritual se torna muito grande, Deus lhe envia um mestre. Esse divino veículo da alma, Deus o usa em uma vida ou em várias encarnações, como um guia encarregado de levar o noviço de volta à Sua mansão espiritual. Quando Sukdeva decidiu sair em busca de um mestre espiritual, seu pai, o sábio Vyasa, aconselhou-o a procurar o rei Janaka, o monarca daquela província.

Quando Sukdeva entrou no palácio, avistou o rei sentado em um trono de ouro cravejado de diamantes e esmeraldas, cercado por bajuladores e mulheres seminuas que o abanavam com grandes folhas de palmeira, como é costume na Índia durante a estação quente. O rei Janaka estava fumando um grande cachimbo oriental. Essa visão bastou para que Sukdeva, chocado, virasse as costas e começasse a caminhar rapidamente em direção aos portões do palácio, zombando e resmungando de si para si: "Que vergonha meu pai me enviar para junto desse rei materialista! Como poderia ele ser meu professor?"

Mas o rei Janaka era ao mesmo tempo um rei e um santo. Estava no mundo, mas não era do mundo. Muito evoluído espiritualmente, podia telepaticamente ler os pensamentos do decepcionado Sukdeva. Enviou, pois, um mensageiro atrás do menino, ordenando-lhe que voltasse.

Assim, o Mestre e o devoto se encontraram. O rei dispensou todos os seus cortesãos e entabulou com Sukdeva uma discussão cativante sobre o Deus protetor. Quatro horas se passaram; Sukdeva estava ficando cansado e faminto, mas ninguém se atrevia a perturbar o rei todo envolvido nas coisas de Deus. Mais uma hora se passou quando dois mensageiros entraram correndo e bradaram para o rei: "Majestade, a capital de teu reino está em chamas! O fogo ameaça chegar ao palácio. Não queres voltar e supervisionar os esforços para extinguir o incêndio?"

A isso, o monarca replicou: "Estou muito ocupado discutindo sobre o Deus protetor com meu amigo. Não tenho tempo. Vós mesmos deveis apagar as chamas". Quando mais uma hora se passou, os mesmos dois mensageiros voltaram em disparada e gritaram: "Majestade, deves sair logo daqui! As chamas alcançaram o palácio e estão rapidamente se aproximando de teu quarto".

A isso o rei replicou com indiferença: "De modo algum! Não me perturbeis, pois estou bebendo Deus com meu amigo. Ide e fazei o melhor que puderdes".

Sukdeva ficou bastante intrigado com a reação do rei. Mais uma hora se passou e dois mensageiros chamuscados entraram aos pulos, gritando: "Grande Rei, as chamas se aproximam de teu trono! Correi antes que ambos sejais consumidos por elas!" Mas o monarca replicou: "Correi vós e salvai vossas vidas. Eu estou muito ocupado descansando nos braços do Deus protetor para temer a audácia das chamas destruidoras".

Os mensageiros fugiram e as chamas se lançaram sobre a pilha de livros que estava ao lado de Sukdeva, mas o rei continuou sentado, imóvel, indiferente a elas e discorrendo a respeito de Deus. Por fim, Sukdeva não se conteve e tentou abafar as chamas que ameaçavam queimar seus preciosos livros. O rei, satisfeito e sorridente, acenou com a mão para as chamas e elas desapareceram ante seu toque miraculoso.

Então Sukdeva, grandemente admirado, recuperou a compostura e se acomodou em seu assento. O rei lhe disse, com gentileza e sabedoria. "Jovem filho de Vyasa, pensaste que eu fosse materialista, mas olha para ti mesmo. Recusaste a proteção de Deus para salvar uma pilha de livros, ao passo que eu pouco me importava com o meu reino e o meu palácio em chamas. Deus realizou esse milagre para te mostrar que, embora sejas um homem de renúncia, estás mais preso a livros do que a Deus ou do que eu ao meu reino, embora eu viva no mundo e não num eremitério".

Essas palavras tornaram humilde o jovem Sukdeva, que prontamente adotou o santo rei Janaka como seu mestre espiritual.

SUKDEVA E AS LÂMPADAS A ÓLEO

O rei começou a dar lições de disciplina a Sukdeva e a ensinar-lhe a arte de viver no mundo sem apego, pois o apego é fonte de sofrimento.

Um dia, deu ao seu novo discípulo duas lâmpadas a óleo em forma de taça, cheias até a borda e, ordenou: "Põe uma lâmpada na palma de cada mão e vai percorrer todas as salas maravilhosamente mobiliadas do meu palácio. Em seguida, volta aqui depois de ter visto tudo, mas lembra-te: irás embora e não mais te treinarei se derramares uma gota sequer de óleo em meus tapetes".

O rei mandou dois criados acompanharem Sukdeva e reabastecerem as duas lâmpadas à medida que o óleo fosse sendo consumido. Era um teste difícil. Entretanto, depois de duas horas, Sukdeva retornou triunfantemente sem derramar nenhuma gota de óleo das taças que segurava.

Então, o rei disse: "Jovem Sukdeva, conta-me em detalhe o que viste em cada quarto do meu palácio". Sukdeva replicou: "Real Preceptor, o máximo que consegui foi não derramar óleo em teus tapetes. Minha mente estava tão concentrada nesse pensamento que eu não consegui ver nada do que havia nos quartos".

O rei exclamou: "Tu me desapontaste! Não tiveste um bom desempenho em meu teste. Minha ordem foi que deverias ver tudo o que há em todos os quartos do meu palácio sem, ao mesmo tempo, derramar uma só gota de óleo das lâmpadas. Volta com as lâmpadas e lembra-te: não derrames nenhuma gota enquanto observares cada detalhe dos aposentos".

Sukdeva, calmamente, retornou ao fim de dez horas sem ter derramado nenhuma gota de óleo, sem suar de excitação como antes e apto a responder a todas as perguntas do rei sobre os mais ínfimos detalhes de todos os quartos do palácio.

Então o rei, gentilmente, sussurrou: "Meu filho, o apego aos bens – não os bens em si – é fonte de miséria. Neste mundo, não possuímos nada; só nos é dado o uso das coisas. Alguns têm mais coisas para usar do que outros; convém lembrar, entretanto, que o milionário e o pobre deixarão tudo o que têm quando a morte chegar.

"As pessoas não devem viver vidas unilaterais, pensando apenas em Deus, como fizeste concentrado apenas nas lâmpadas a óleo, sem ver meu palácio. Na segunda tentativa, mantiveste a atenção principalmente nas lâmpadas a óleo, para não derramá-lo, mas ao mesmo tempo, minuciosamente e o tempo todo, viste tudo o que há no palácio: assim também deves prestar mais atenção ao Divino, sem deixar nenhuma gota de teu desejo fugir da lâmpada da sabedoria reveladora de Deus.

Mas deves igualmente atentar em parte para o cumprimento das obrigações a ti impostas por Deus, de manter a ti mesmo e àqueles que foram confiados à tua guarda".

SE VOCÊ QUER QUE o poder divino ilimitado trabalhe para você em seus negócios e assuntos familiares, então seja tão sincero na meditação quanto é na tarefa de ganhar dinheiro. Se fizer um esforço para entrar primeiro em contato com Deus, encontrará a felicidade imperecível, bem como os confortos materiais de que precisa. Assim, lembre-se, nunca estará ocupado demais para tentar contatar Deus. Se Deus parar seu coração, você não terá nenhuma chance de sucesso nos negócios. Já que todos os seus êxitos dependem de poderes dados por Deus, reserve um tempo suficiente para entrar em contato com Ele.

Lembre-se: uma hora de meditação profunda lhe dará muito mais poder e paz do que um mês de leitura de livros sagrados durante seis horas por dia. Tente!

O MORIBUNDO E O ANJO*

Mestre costumava contar esta história para ilustrar como as almas vagueiam na longa jornada de incontáveis encarnações, buscando a perfeita realização:

"Havia um homem que amava a Deus e alcançara um pequeno avanço espiritual, mas que também tinha alguns desejos mundanos para satisfazer. No fim de sua vida, um anjo lhe apareceu e perguntou: 'Há ainda alguma coisa que desejes?'

'Sim', disse o homem. 'Durante toda a minha vida fui fraco, magro e adoentado. Gostaria, na minha próxima encarnação, de ter um corpo forte e saudável'.

---

* Swami Kriyananda, *Conversations with Yogananda*, Crystal Clarity Publishers.

Na vida seguinte, ele recebeu um corpo forte, grande e saudável. Mas era pobre e achava difícil manter aquele corpo robusto devidamente alimentado. Por fim – ainda com fome –, chegou sua hora de morrer. O anjo lhe apareceu novamente e perguntou: 'Há mais alguma coisa que desejes?'

'Sim', respondeu ele. 'Para a minha próxima vida, eu gostaria de ter um corpo forte, saudável e, também, uma bela conta bancária!'

Na vida seguinte, o homem recebeu um corpo forte e saudável, e também riqueza. Com o tempo, no entanto, começou a lamentar não ter ninguém para compartilhar a sua boa sorte. Quando a morte veio, o anjo perguntou: 'Mais alguma coisa?'

'Sim, por favor. Na próxima vez, eu gostaria de ser forte, saudável e rico, e também de ter uma boa mulher como esposa.'

Na vida seguinte, ele recebeu todas essas bênçãos. Sua esposa era boa, mas, infelizmente, morreu jovem. Pelo resto de seus dias, o homem sofreu com essa perda. Ele passou a reverenciar suas luvas, seus sapatos e outras lembranças que considerava preciosas. Quando morria de tristeza, o anjo lhe apareceu novamente e perguntou: 'E agora?'

'Da próxima vez', disse o homem, 'quero ser forte, saudável e rico, e também ter uma boa esposa que viva muito tempo.'

'Nada mais?', perguntou o anjo.

'Nada mais. Por essa vez, tenho certeza de que isso é tudo.'

Na vida seguinte, ele recebeu o que pediu, incluindo uma boa esposa que viveu muito tempo. O problema era justamente esse: ela viveu tempo *demais*! Quando envelheceu, o homem se apaixonou por sua jovem e bela secretária e trocou a boa esposa pela garota bonita. Quanto a esta, tudo o que queria era o dinheiro dele. E logo que o teve nas mãos, fugiu com um homem muito mais jovem. Por fim, quando o homem estava morrendo, o anjo lhe apareceu novamente e perguntou: 'E agora, o que vai ser?'

'Nada!', esbravejou ele. 'Nada, nunca mais! Aprendi a lição. Sei que em toda satisfação há uma cilada. A partir de agora, quer seja rico ou pobre, saudável ou doentio, casado ou solteiro, aqui nesta terra ou no plano astral, quero apenas meu divino Amado. Onde quer que Deus esteja, só ali existe a perfeição!"

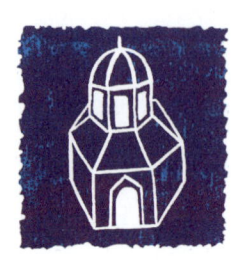

GURU NANAKA E O VERDADEIRO ALTAR DE DEUS

O grande reformador divino, Nanaka, era adorado por devotos de todas as castas e credos. Hindus e maometanos reuniam-se em torno de seu estandarte e, embora tivessem costumes e crenças religiosas diametralmente opostos, ainda assim eram gentilmente recebidos por esse grande santo. Nanaka viveu a vida da Verdade e, por seu poder miraculoso e conduta exemplar, dissolveu as crenças intolerantes de seus seguidores heterogêneos e implantou em seus corações a Unidade e a Onipresença de Deus e o espírito da fraternidade universal.

Um dia, Nanaka, durante a hora do serviço na mesquita muçulmana, em vez de se curvar diante do altar, deitou-se com os pés naquela direção e a cabeça na outra, fingindo dormir. Os fanáticos muçulmanos, dados a exterioridades em seu culto, em vez de se concentrar em Deus observavam pelos cantos dos olhos a audácia daquele homem estranho, Nanaka, que se deitava em vez de se sentar, dormia em vez de orar e, acima de tudo, era sacrílego a ponto de estirar os pés, e não a cabeça, em direção ao altar.

O líder do círculo ortodoxo, quase estourando de raiva, aproximou-se de Nanaka e censurou-o por seu comportamento diante do altar: "Atrevido pecador, afasta os pés do altar de Deus! Se não o fizeres, eles apodrecerão".

Calmamente, concentrado, o poder Infinito vibrando em sua voz, Nanaka retrucou com autoridade: "Por favor, onde devo colocá-los, se o altar de Deus está presente em todos os lugares? Eu O vejo no norte, sul, leste, oeste, em cima, embaixo, dentro, fora e ao meu redor; então, se puderes me mostrar um lugar onde Deus não esteja, com muito gosto eu estenderia para lá meus pés. Vós orais exteriormente apenas e não sentis Deus nem mesmo no altar diante de vossos olhos. Vossas mentes vagam pelas colinas da inquietação. Corrigi essa indiferença para com Deus. Vossas cabeças se voltam para o altar, mas vossas almas e mentes se afastam de Deus. Fico feliz que até mesmo meus pés estejam sob o poder de Deus, que tudo protege e orienta".

O sacerdote, aparentemente derrotado e incapaz de responder às advertências do Mestre, replicou, mal contendo a ira: "Pecador, afasta os pés do altar de Deus!" Agarrou os pés do guru Nanaka para desviá-los do altar, mas eis que um milagre ocorreu: quando os pés giraram do oeste para o leste, o altar e toda a parede do templo se viraram para o norte.

Ao ver isso, os seguidores do sacerdote exigiram que ele se mostrasse humilde e reconhecesse o grande poder do homem de Deus. Assim, o líder e seu grupo religioso caíram aos pés do Mestre Nanaka, que os abençoou, dizendo: "Filhos de meu Pai Onipresente, senti primeiro a presença de Deus dentro de vós mesmos, no melhor altar de vosso coração; e, se O encontrardes lá, por essa janela interior vereis Deus aninhado na Onipresença. Localizar Deus em um ponto é aprisioná-Lo dentro das paredes do finito. Aqueles que confinam Deus dentro das paredes de sua imaginação nunca O encontram. Mas aqueles que abatem os muros da experiência sensorial com o martelo do silêncio intuitivo, que tudo derruba, encontram Deus por toda parte.

"Assim como a água confinada corre em todas as direções quando as paredes que a seguravam são rompidas, assim também, quando as barreiras da intolerância e da inquietação desabam, a consciência do homem se espalha e se expande para a consciência Onipresente do Espírito".

OS DOIS CEGOS QUE PEDIAM DINHEIRO A DEUS E AO REI

Akbar, o Grande, algumas vezes chamado "Guardião da Humanidade", imperador mongol da Índia, foi o maior monarca asiático dos tempos modernos e um dos maiores reis indianos. Ganhou o título de "Guardião da Humanidade" por causa da benevolência de seu governo e, também, do zelo com que tentou recuperar partes perdidas do vasto império que havia se desintegrado durante longos períodos de desordem, antes que ele ascendesse ao trono. Promoveu a tolerância religiosa entre as muitas religiões conflitantes. A maior conquista de seu reinado foi estabelecer a harmonia entre as duas religiões em guerra, o hinduísmo e o islamismo. Ele às vezes se vestia de muçulmano e ia à mesquita orar; outras, se vestia de hindu e ia cultuar no templo hindu. Esse rei de mente aberta cuidava de pessoas e grupos sociais carentes em todos os lugares.

O imperador Akbar tinha o hábito de se deslocar em uma carruagem magnificamente decorada, puxada por oito cavalos. Arautos e guarda-costas trombeteavam sua chegada em todos os bairros da cidade. Apesar de toda essa pompa e esplendor, era ordem estrita do monarca que o cortejo parasse a qualquer momento, em qualquer lugar, se algum de seus súditos se aproximasse para lhe apresentar uma petição. Um dia, quando o cortejo passava pela avenida, Sua Majestade avistou dois cegos sentados a cerca de vinte metros de distância, pedindo esmolas. Isso chamou a atenção do rei e ele deteve a carruagem na frente do primeiro cego, que clamava: "Só quem recebe do rei é rico". Depois de ouvir o primeiro cego, o rei ordenou que a carruagem parasse na frente do segundo, que bradava: "Só quem recebe de Deus é rico".

Durante um mês, o rei ouviu os dois cegos gritando seus pedidos de dinheiro a ele e a Deus, sempre que seu cortejo passava pela avenida. Um dia, sentindo-se bastante lisonjeado com a declaração do primeiro cego, segundo a qual "quem recebe do rei é rico", ordenou que um grande pedaço de pão fosse assado com o interior recheado de ouro maciço. Deu-o ao primeiro cego, ignorando completamente o segundo, que acreditava que só Deus poderia torná-lo rico.

Logo depois, o rei foi caçar. Quando voltou, mais uma vez passou pela avenida em seu caminho habitual e viu o primeiro cego, a quem ele havia dado o pão. Esse cego continuava clamando: "Só quem recebe do rei é rico". O monarca lhe perguntou então: "O que fizeste com o pão que te dei?" O cego respondeu: "Majestade, aquele pão era grande demais e não estava bem assado, de modo que o vendi para o segundo cego por dez centavos. Fiquei feliz ao receber tanto dinheiro assim".

O rei procurou com o olhar o segundo cego, mas não o viu em parte alguma. Após uma investigação, descobriu que o homem havia dado o pão para sua esposa, que o partiu e encontrou o ouro. Com ele, comprou uma casa. Ao saber disso, o rei, humilde por dentro, mas encolerizado por fora, repreendeu o primeiro cego, dizendo: "Tola criatura, deste o meu pão recheado de ouro ao teu amigo, que depende de Deus e não de mim para enriquecer. De agora em diante, deves mudar teu lema e clamar como o outro: 'Quem recebe de Deus é rico'".

ESTA HISTÓRIA TEM UMA moral maravilhosa. Milhões de pessoas pensam hoje que tudo vem dos bancos, fábricas, empregos e capacidade pessoal. A grande depressão atual* provou que a América é a mais próspera nação faminta na face do globo. Quando o país mais rico da terra, sem qualquer tipo de catástrofe nacional, mergulha de súbito na pobreza, isso prova que há leis divinas e não apenas físicas governando as fases da vida financeira, espiritual, mental e física.

A cada dia, você deve lutar para ser saudável, rico, sábio e feliz sem tirar a saúde, a riqueza e a felicidade dos outros. Analise e planeje tudo o que fizer a fim de tornar os outros melhores e mais felizes, enquanto você próprio tenta ser mais feliz e melhor. Aprenda a incluir a felicidade e o bem-estar dos outros em sua felicidade pessoal. Reze sinceramente: "Pai, abençoa-nos para que possamos nos lembrar de Ti sempre e não nos deixes esquecer que tudo nos vem de Tuas mãos".

---

* Yogananda escreveu isso em 1934. (N.E.)

Fontes

"All for a Rag" ("Tudo por um Trapo"). *In*: *Praecepta*, vol. 3.

"The Man Who Wouldn't Be King" ("O Homem que Não Queria Ser Rei"). *In*: *Praecepta*, vol. 1.

"The Gold-prospector and the Streets of Heaven" ("O Garimpeiro e as Ruas do Paraíso"). *In*: *Praecepta*, vol. 1.

"The Fisherman and the Fairy" ("O Pescador e a Fada"). *In*: *Praecepta*, vol. 4.

"The Man from Alaska and the Grapes" ("O Homem do Alasca e as Uvas"). *In*: *Praecepta*, vol. 1.

Kalyana kalpataru: The Essence of Bhagavad Gita, Swami Kriyananda.

"The Bad Man Who Was Preferred by God" ("O Homem Mau Preferido por Deus"). *In*: *Praecepta*, vol. 2.

"The Hunter Who Became a Saint" ("O Caçador que se Tornou Santo"). *In*: *Praecepta*, vol. 1.

"The Bandit and the Bull" ("O Bandido e o Touro"). *In*: *Praecepta*, vol. 1.

"How a Saint Converted a Thief" ("Como um Santo Converteu um Ladrão"). *In*: *Praecepta*, vol. 1.

"Why the Rich Man Became Poor and the Poor Man Became Rich" ("Por que o Rico Ficou Pobre e o Pobre Ficou Rico"). *In*: *Praecepta*, vol. 3.

"The Man Who Refused Heaven" ("O Homem que Recusou o Paraíso"). *In*: *Praecepta*, vol. 1.

"The Reward of Virtue" ("A Recompensa da Virtude"). *In*: *Praecepta*, vol. 4.

"The Lion Who Became a Sheep" ("O Leão que se Tornou Carneiro"). *In*: *Praecepta*, vol. 1.

"The Ignorant Devotee and the More Powerful God" ("O Devoto Ignorante e o Deus Mais Poderoso"). *In*: *East-West Magazine*, janeiro-fevereiro de 1929.

"The Himalayan Musk Deer" ("O Cervo Almiscarado do Himalaia"). *In*: *Praecepta*, vol. 1

"The Son Who Loved Miracles More Than God" ("O Filho que Amava Mais os Milagres do que a Deus"). *In*: *Praecepta*, vol. 2.

"The Mouse Who Became a Tiger" ("O Rato que se Tornou Tigre"). *In*: *Praecepta*, vol. 1.

"The Three Gods and the God of Gods" ("Os Três Deuses e o Deus dos Deuses"). *In*: *Praecepta*, vol. 2.

"Six Blind Men and an Elephant" ("Seis Cegos e um Elefante"). *In*: *Praecepta*, vol. 3.

"The Devotee Who Could not Find a Hiding Place" ("A Devota que não Conseguia Encontrar um Refúgio"). *In*: *Praecepta*, vol. 4.

"The Boatman and the Philosopher" ("O Barqueiro e o Filósofo"). *In*: *Praecepta*, vol. 1.

"The Priest Who Jumped Into the Well" ("O Sacerdote que Pulou no Poço"). *In*: *Praecepta*, vol. 2.

"The Saint Who Went to Hades Speaking Truth" ("O Santo que Desceu ao Inferno por Dizer a Verdade"). *In*: *Praecepta*, vol. 2.

"The Saint Who Ate Fire" ("O Santo que Comia Fogo"). *In*: *Praecepta*, vol. 3.

"The Frog of the Well and the Frog of the Sea" ("A Rã do Poço e a Rã do Mar"). *In*: *Praecepta*, vol. 3.

"The Saint and the Snake" ("O Santo e a Serpente"). *In*: *Praecepta*, vol. 1.

"Buddha and the Courtesan" ("Buda e a Cortesã"). *In*: *Praecepta*, vol. 1.

"The Holy Squirrel" ("O Esquilo Santo"). *In*: *Praecepta*, vol. 1.

"Kalaha and the Magic Carrot" ("Kalaha e a Cenoura Mágica"). *In*: *Praecepta*, vol. 5.

"The Fisherman and the Hindu Priest" ("O Pescador e o Sacerdote Hindu"). *In*: *Praecepta*, vol. 3.

"The Man Who Became a Buffalo" ("O Homem que Virou Búfalo"). *In*: *Praecepta*, vol. 1.

"Monkey Consciousness" ("Consciência de Macaco"). *In*: *Praecepta*, vol. 1.

"The Big Frog and the Little Frog" ("A Rã Grande e a Rã Pequena"). *In*: *Praecepta*, vol. 1.

"The Philosopher's Stone" ("A Pedra Filosofal"). *In*: *Praecepta*, vol. 2.

"King Janaka and the Palace on Fire" ("O Rei Janaka e o Palácio em Chamas"). *In*: *Praecepta*, vol. 1.

"Sukdeva and the Oil Lamps" ("Sukdeva e as Lâmpadas de Óleo"). *In*: *Praecepta*, vol. 1.

"The Dying Man and the Angel" ("O Moribundo e o Anjo"). *In: Conversations with Yogananda*, Swami Kriyananda.

"Guru Nanaka and the True Altar of God" ("Guru Nanaka e o Verdadeiro Altar de Deus"). *In: Praecepta*, vol. 2.

"Two Blind Men Who Sought Riches from God and a King" ("Dois Cegos que Pediam Dinheiro a Deus e ao Rei"). *In: Praecepta*, vol. 1.